Johann Nusser

Platons Politeia nach Inhalt und Form betrachtet

Programm der Königlichen Studienanstalt Amberg zur Schlussfeier des Studienjahres 1882/83

Johann Nusser

Platons Politeia nach Inhalt und Form betrachtet
Programm der Königlichen Studienanstalt Amberg zur Schlussfeier des Studienjahres 1882/83

ISBN/EAN: 9783742865557

Hergestellt in Europa, USA, Kanada, Australien, Japan

Cover: Foto ©Andreas Hilbeck / pixelio.de

Manufactured and distributed by brebook publishing software (www.brebook.com)

Johann Nusser

Platons Politeia nach Inhalt und Form betrachtet

Platons Politeia

nach Inhalt und Form betrachtet.

Programm

der

Königlichen Studienanstalt Amberg

zur

Schlussfeier des Studienjahres

1882/83,

verfasst von

Dr. Joh. Nusser,

Gymnasial-Assistent.

Amberg.

Druck von J. Habbel.

1883.

Einleitung.

Die Reihenfolge der platonischen Dialoge ist immer noch eine ungelöste Frage. In den wenigsten Fällen ist eine allgemeine Übereinstimmung erzielt worden. Diese Meinungsverschiedenheit geht zurück bis in das klassische Altertum: Diogenes Laertius (vita Platonis III, 61) berichtet uns von den Trilogien des alexandrinischen Grammatikers Aristophanes von Byzanz, dessen Schüler Aristarch gewesen ist. Nach Diogenes Laertius hat er folgende trilogische Anordnung in den platonischen Dialogen getroffen:

1. Politeia, Timaeus, Kritias,
2. Sophistes, Politicus, *Kratylus*,
3. Leges, Minos, Epinomis,
4. Theaetetus, Euthyphron, Apologie,
5. Kriton, Phaedon, *Epistolae*.

Die übrigen Dialoge soll er einzeln, ohne Zusammenhang (καθ' ἓν καὶ ἀτάκτως) angefügt haben. Diogenes gibt nicht an, von welchem Einteilungsprinzipe Aristophanes bei der obigen Anordnung geleitet wurde, und er forscht auch nicht darnach. Es lässt sich jedoch nicht schwer erkennen, was den Aristophanes dazu veranlasst haben mag.

Politeia, Timaeus und Kritias sind durch deutliche und wörtliche Hinweise an einander geknüpft.[1]) Leges, Minos und Epinomis handeln sämtlich vom nämlichen Gegenstande, vom Gesetze. In den folgenden fünf Dialogen ist die persönliche Lage des Sokrates ins Auge gefasst. Am Schlusse des Theaetet nämlich sagt Sokrates, dass er in die Königshalle gehen müsse wegen der Anklage des Meletus. Im Euthyphron befindet er sich auf dem Wege dahin.

---

[1]) Vgl. Timaeus 17, B: Χθές που τῶν ὑπ' ἐμοῦ ῥηθέντων λόγων π ε ρ ὶ π ο λ ι τ ε ί α ς ἦν τὸ κεφάλαιον.
Kritias 106 B: παραδίδομεν κατὰ τὰς ὁμολογίας Κριτίᾳ τ ὸ ν ἑ ξ ῆ ς λ ό γ ο ν.

Die Apologie zeigt uns den Sokrates im Gerichtslokale. Im Kriton sehen wir ihn im Kerker und im Phaedon endlich geht er in den Tod. Die zwei letzten vereinigt er mit den Episteln zu *einer* Trilogie, wiewohl die Briefe mit den beiden vorausgehenden Stücken keinen Zusammenhang aufweisen. Aristophanes hat sie offenbar als Lückenbüsser hingestellt, um die letzte Trilogie voll zu machen. Ein ähnliches Verhältnis findet in der zweiten Trilogie statt. Sophistes und Politicus sind planmässig und mit ausdrücklichem Hinweise mit einander verknüpft. Im Eingange des Sophistes wird versprochen oder beabsichtigt, den σοφιστής, πολιτικός und dann den φιλόσοφος zu schildern.¹) Dieser dritte Dialog Φιλόσοφος findet sich aber nicht unter den platonischen Werken. Aristophanes setzt an seine Stelle den Kratylus, der wegen seiner erkenntnistheoretischen Richtung, also wegen einer gewissen Ähnlichkeit *des philosophischen Inhaltes* mit dem Sophistes und Politicus zu *einer* Trilogie vereinigt sein mag.

Wo also deutliche Beziehungen des Inhaltes (Tril. 3) oder formelle, planmässige Anreihung (Tril. 1 u. 2) oder der Zusammenhang der dramatischen Situation aus den Dialogen ersichtlich war (Tril. 4 u. 5), hat Aristophanes auch eine Aufeinanderfolge der Dialoge geschaffen; dabei hat er jedoch zweimal (Kratylus und Episteln) Einschiebsel gemacht, für die ihm das verbindende Prinzip fehlte. Die trilogische Einteilungsform liegt nicht in den platonischen Dialogen begründet, sondern einzig in der Manier jener Zeit.

Die übrigen Dialoge liess er ungeordnet, wie wir schliessen müssen, aus Mangel an wörtlichen Verweisungen, aus Mangel an auffälligen Beziehungen der dramatischen Situation und des Inhaltes.

Munk vermutet zu viel, wenn er („Natürl. Ord. der pl. Schr." p. 3) sagt, der Anordner habe es versucht, die *späteren* Werke Platos in eine gewisse Ordnung zu bringen, die *früheren* aber nicht; und das offenbar, weil ihm von jenen die Abfassungszeit bekannt war, von diesen nicht. Dieser durchaus unerwiesene Gedanke und die in den zwei letzten Trilogien erkennbare Katastrophe des So-

---

¹) Vgl. Sophistes 217 A: ἡδέως ἂν πυνθανοίμην, εἰ φίλον αὐτῷ (τῷ ξένῳ), τί ταῦθ' οἱ περὶ τὸν ἐκεῖ τόπον ἡγοῦντο καὶ ὠνόμαζον· τὰ ποῖα δή; σοφιστήν, πολιτικόν, φιλόσοφον.

Vgl. Politicus 257 A: τάχα δέ, ὦ Σώκρατες, ὀφειλήσεις ταύτης τριπλασίαν, ἐπειδὰν τόν τε πολιτικὸν ἀπεργάσωνταί σοι καὶ τὸν φιλόσοφον.

krates hat bei Munk zur Folge gehabt, dass er in den platonischen Dialogen ein Lebensbild des Sokrates zu finden glaubte. Also ein Einteilungsprinzip des Aristophanes für die zwei letzten Trilogien hat Munk auf sämmtliche Dialoge zu übertragen gesucht. Dass Aristophanes die Abfassungszeit gekannt habe, lässt sich aus seinen Trilogien weder schliessen noch vermuten. Wir sind aber im Stande, ein anderes Einteilungsprinzip nachzuweisen, welches er, wie oben gezeigt, aus den wörtlichen Verweisungen, der Ähnlichkeit des Inhaltes und der Zusammengehörigkeit der Situation hergenommen hat.

K. Fr. Hermann hat („Gesch. u. Syst. der pl. Phil." p. 358) den Grammatiker streng, aber viel richtiger beurteilt, wenn er sagt, dass Aristophanes, der einige Gespräche nach der Verwandtschaft des Inhaltes oder sonstigen Beziehungspunkten in Trilogien vereinigte, die übrigen aber vereinzelt und ungeordnet folgen liess, schon in der Anordnung jener Trilogien selbst einen gänzlichen Mangel an Kritik und Einsicht in das Wesen dieser Aufgabe an den Tag legte.

Diogenes Laertius berichtet ferner (a. a. O. III, 58), dass Thrasylus[1]) die platonischen Dialoge in neun Tetralogien geordnet habe. Thrasylus stellte die Dialoge, welche die Katastrophe des Sokrates zum Ausdrucke bringen, an die Spitze der ganzen Reihe, Aristophanes hatte sie dagegen an den Schluss gebracht. Von einem *chronologischen* Gesichtspunkte der Alexandriner wussten also die römischen Gelehrten nichts. Das zeigt sich in dem Mangel an derartigen Zeugnissen, aber ganz besonders darin, dass Thrasylus die *Gruppen* der Dialoge in eine von Aristophanes verschiedene Reihenfolge bringt:

1. *Euthyphron, Apologie, Kriton, Phaedon,*
2. Kratylus, Theaetet, *Sophistes, Politicus,*
3. Parmenides, Philebus, Symposion, Phaedrus,
4. Alcibiades I, Alcibiades II, Hipparch, Anterasten,
5. Theages, Charmides, Laches, Lysis,
6. Euthydem, Protagoras, Gorgias, Menon,
7. Hippias I, Hippias II, Jon, Menexenus,
8. Kleitophon, *Politeia, Timaeus, Kritias,*
9. *Minos, Nomoi, Epinomis,* Epistolae.

---

[1]) Thrasylus lebte unter Tiberius, vgl. R. Nicolai, „Gr. Liter. Gesch." II. p. 637.

VI

Von der ersten Tetralogie bemerkt Diogenes ausdrücklich, dass dieselbe mit Rücksicht auf die Lebensverhältnisse des Sokrates von Thrasylus gebildet worden sei (πρώτην μὲν οὖν τετραλογίαν τίθησι τὴν κοινὴν ὑπόθεσιν ἔχουσαν· παραδεῖξαι γὰρ βούλεται, ὁποῖος ἄν εἴη ὁ τοῦ φιλοσόφου βίος a. O. III, 57). Diese Anordnung des Thrasylus ist auf die Handschriften übergegangen. Darüber vergleiche man M. Schanz „Novae commentationes Plat." p. 105 ff. Die Trilogien des Aristophanes und die Tetralogien des Thrasylus haben einiges gemeinsam. In beiden sind Politeia, Timaeus und Kritias an einander angeschlossen, ebenso Sophistes und Politicus. Die wörtlichen Hinweise dieser Dialoge auf einander haben offenbar sowohl den Aristophanes als auch den Thrasylus zu dieser Anordnung bewogen. Ferner sind in beiden Dialogenreihen Euthyphron, Apologie, Kriton und Phaedon in derselben Aufeinanderfolge zusammengestellt. Massgebend war in beiden Fällen das Leben des Sokrates, was Diogenes (III, 57) von Thrasylus wenigstens wörtlich behauptet. Der Theaetet erhält bei beiden eine verschiedene Stellung. Der Grund hievon liegt in einer doppelten Beziehung, die am Schlusse des Dialoges ausgesprochen ist. Dort sagt Sokrates, er gehe jetzt in den Gerichtshof des Archon Basileus, am anderen Tage früh aber solle das Gespräch fortgesetzt werden.[1]) In Folge der ersten Beziehung hat ihn Aristophanes mit dem Euthyphron verbunden, mit Rücksicht auf die zweite Andeutung der Gesprächsfortsetzung hat ihn Thrasylus vor den Sophistes gesetzt. Beide Grammatiker stellen ferner Minos, leges und epinomis zusammen wegen der Gleichheit des besprochenen Gegenstandes. Da bei den übrigen Dialogen die deutlichen äusseren Beziehungen fehlen, hat Aristophanes auch keine Anordnung unter ihnen getroffen; Thrasylus hat aber sämtliche, damals für echt geltende Dialoge augenscheinlich auf Grund der Ähnlichkeit des Inhaltes in die tetralogische Anordnung gebracht.

Thrasylus gibt den Dialogen zu dem überlieferten Titel noch einen zweiten, womit er den Inhalt bezeichnen will, z. B. *Εὐθύφρων ἢ περὶ ὁσίου* oder *Πολιτεία ἢ περὶ δικαίου* (Diog. Laert. III, 58). An diese beiden Titel fügt Diogenes selbst wieder einen dritten, der die Form der Dialektik bezeichnen soll. Er zergliedert sie folgendermassen nach ihrem Charakter (a. O. III, 49):

---

[1]) Theaetet 210 D: *νῦν μὲν οὖν ἀπαντητέον μοι εἰς τὴν τοῦ βασιλέως στοὰν ἐπὶ τὴν Μελήτου γραφήν, ἥν με γέγραπται· ἕωθεν δέ, ὦ Θεόδωρε, δεῦρο πάλιν ἀπαντῶμεν.*

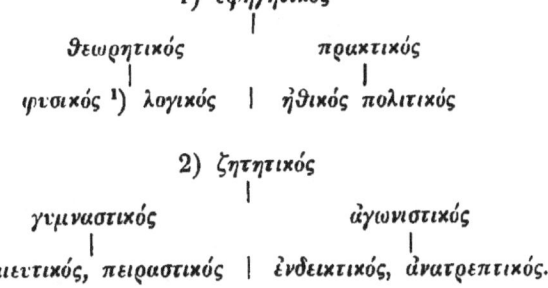

Die beiden besprochenen Anordnungen können, da sie nicht auf historischer Überlieferung beruhen und nicht auf authentische Zeugnisse gegründet sind, nur den Wert einer gelehrten Meinung repräsentieren, die aus den platonischen Dialogen selbst gewonnen ist. Da es keine feste Überlieferung gab, sind auch frühzeitig die Meinungen über die Anordnung der Dialoge auseinander gegangen. Diogenes sagt (III, 62), dass die einen mit Alcibiades major oder mit Theages, andere mit Euthyphron oder Kleitophon, einige mit Timaeus, Phaedrus oder Theaetet, viele auch mit der Apologie begannen. Ein arger Meinungszwist besteht auch heute noch darüber.

Bei dem Mangel also an historischer Überlieferung sind wir bei der Entscheidung der Frage nach der Reihenfolge der Dialoge auf uns selbst angewiesen und auf die Schriften Platos. Die Versuche von Schleiermacher bis heute haben keine einheitliche Annahme hervorrufen können, ja es sind die entgegengesetztesten Ansichten aufgetaucht, je nachdem *der Standpunkt* der Forschung und *die Methode* der Untersuchung verschieden waren.

Schleiermacher wollte einen philosophischen Gedankenzusammenhang der Dialoge, ein methodisches System in denselben nachweisen. Doch sind seine Beweisführungen nicht sicher genug, die Bestimmung des philosophischen Inhaltes der Dialoge oft unpräzis. Das Prinzip Schleiermachers jedoch, aus dem philosophischen Inhalte der Dialoge deren Reihenfolge zu ermitteln, ist ein fruchtbarer und berechtigter Gedanke gewesen, der an und für sich betrachtet, allgemeine Anerkennung verdient; denn einen systematischen Gedankenzusammenhang sind wir ja gewöhnt in wissenschaftlichen Werken

---

¹) Vgl. Ἀλβίνου εἰσαγωγή cap. III. Bei Suidas s. v. Πλάτων sind die Dialoge eingeteilt in φυσιολογικοί, ἠθικοί und διαλεκτικοί.

zu finden. Es ist ihm aber nicht gelungen, diesen Zusammenhang zur Evidenz nachzuweisen und die Zustimmung der anderen Forscher zu erlangen.

Weniger Berechtigung scheint an und für sich betrachtet der Gedanke K. Fr. Hermanns zu haben, in den Dialogen den philosophischen Entwicklungsgang Platos aufzuzeigen. Denn man kann es doch nicht als natürlich, als selbstverständlich oder wissenschaftlich ansehen, dass Plato philosophisch-polemische Dialoge veröffentlicht habe, ohne noch zu wissen, wie die jedesmal behandelte Frage endgiltig zu entscheiden ist, oder welche Konsequenzen daraus hervorgehen werden. Wir würden mit dieser Annahme dem Plato eine verwegene und unüberlegte Schriftstellerei zumuten.

So verschieden auch die beiden Standpunkte Schleiermachers und Hermanns sind, so müssten doch die beiden Methoden der Forschung ein gleiches oder ähnliches Resultat hervorbringen, denn beide setzen den vollkommeneren und höher stehenden Dialog jedesmal nach dem einfacheren und grundlegenden. Schleiermacher setzt freilich diese Reihenfolge als eine beabsichtigte, K. Fr. Hermann hält sie für eine unabsichtliche, durch die allmähliche Fortbildung des platonischen Geistes gewonnene Gedankenfolge.

Aus diesen beiden ist die Anschauung der *genetischen Entwicklung* der platonischen Schriften hervorgegangen, die in hervorragender Weise von Susemihl[1]) durchgeführt wurde, ein Standpunkt, der die Einseitigkeit der vorhergehenden Anschauungen vermeidet. Eine ähnliche Richtung befolgt Steinhart. Doch werden bei beiden die Dialoge nicht allein nach der Verwandtheit und der Entwicklung des philosophischen Inhaltes, sondern auch noch mit zu Hilfenahme verschiedenartiger äusserer Beziehungen der Darstellung angeordnet.

Die Methode der Forschung und die Kriterien für die Aufeinanderfolge der Dialoge verdienen vor allem präzisiert zu werden. Plato kleidet seine philosophischen Untersuchungen in eine poetisch-dramatische Form. Er erfindet eine szenische Situation, in welcher charakteristische, den philosophischen Standpunkt verkörpernde Personen auftreten. Die Gespräche sind dichterisch in eine andere

---

[1]) „Die genetische Entwicklung der pl. Philos." einleitend dargestellt von F. Susemihl, Leipzig (1855).
Steinhart, „Einleitungen zu H. Müllers Übersetzung der plat. Schriften." Leipzig (1850 ff.)

Zeit hinein versetzt, als sie der Verfasser niedergeschrieben hat. Plato schrieb demnach in einer doppelten Stimmung. Er musste bestrebt sein, der in die Vergangenheit gerückten Gesprächssituation den natürlichen Ausdruck zu geben, andererseits haben die Erfahrungen der späteren Zeit und die Einflüsse der Gegenwart sich unwillkürlich in seine Anschauungs- und Ausdrucksweise einschleichen müssen, besonders aber in den Fällen, wo er Gegenwärtiges in die Vergangenheit rückt. In diesem Umstande mögen die Anachronismen bei Plato ihre psychologische Begründung finden. Er musste wissen, dass es Anachronismen in seinen Dialogen gebe, er hat sie aber doch nicht beseitigt. Er lässt ohne Bedenken den Sokrates von Dingen reden, die nach dessen Tode vorgekommen sind. Diese dichterisch-dramatische Form der Darstellung kann also nicht sein Zweck gewesen sein. Demnach kann bei der Frage *nach der Reihenfolge der Dialoge auch nicht jene äussere Form, sondern nur der philosophische Inhalt massgebend sein.*[1]) Alle jene Untersuchungen, welche in den verschiedenen Momenten der äusseren Form ein Kriterium der Reihenfolge zu finden glauben, müssen eine unzuverlässige und schwankende Grundlage erhalten und können deshalb keinen festen Glauben erwecken. Über die Unzuverlässigkeit der chronologischen Betrachtungsweise hat Zeller das entscheidende Wort gesprochen. Er sagt (a. a. O. p. 440), es gebe der chronologischen Anhaltspunkte nicht viele, und diese selbst bezeichneten immer zunächst nur den Zeitpunkt, *vor* welchem, nicht aber den *nach* welchem ein Gespräch nicht verfasst sein könne.

Die Methode der Forschung muss also den philosophischen Gedankeninhalt ermitteln, den Grundgedanken und den Zweck eines Dialoges bestimmen und daraus erst schliessen auf die Zusammengehörigkeit oder die Reihenfolge der Dialoge.[2]) Hauptaufgabe der platonischen Forschung ist demnach, wie Bonitz[3] verlangt, *objektive Analyse und genaue Hermeneutik jedes einzelnen Dialoges.*

---

[1]) Vgl. Zeller, „Phil. d. Gr." II, 1, 3. Aufl. 1875, p. 422 ff.
[2]) Vgl. meine Dissertation „Inhalt und Reihenf. von 7 pl. Dial." (Würzburg 1882) p. 9 f.
[3]) Vgl. „Platonische Studien" Einl. p. VII.

Politeia.

I. Buch.

Sokrates hatte mit Glaukon im Piräus die Feier des Bendisfestes[1]) mit angesehen und befand sich eben auf dem Heimwege in die Stadt. Er wird aber eingeholt und von Polemarchos, dem Bruder des Redners Lysias, veranlasst, in dessen Hause einzukehren. Glaukons Bruder Adeimantos war mit dahin gefolgt. Diese trafen dort schon versammelt den Lysias, Euthydemos, den Sophisten Thrasymachos aus Chalcedon, Charmantides und Kleitophon. Von Kephalos, dem Vater des Hauses, wurde Sokrates freundlich empfangen.

Sokrates spricht mit dem greisen Kephalos über das Alter (328 E). Manche klagen freilich, sagte dieser, darüber, dass sie im Alter die Vergnügungen der Jugend entbehren müssen, andere jammern über die schlechte Behandlung von Seite ihrer Angehörigen. Der eigentliche Grund dieser Unzufriedenheit ist aber nicht das Alter, sondern der Charakter der Menschen (οὐ τὸ γῆρας, ἀλλ' ὁ τρόπος τῶν ἀνθρώπων 329 D[2]). Würden sie sittlich gebildet und im Umgange freundlich sein (κόσμιοι καὶ εὔκολοι), so würde ihnen das Alter nicht diese Unannehmlichkeiten bringen. Andere könnten allerdings einwenden, Kephalos ist ein reicher Mann, er kann sich die Last des Alters erleichtern (329 E). Aber nicht Genüsse und Reichtum bringen ein ruhiges und zufriedenes Alter, sondern das Bewusstsein eines gerechten Lebens. Der Gedanke nämlich an eine gerechte Vergeltung im Hades erfüllt das Herz mit Furcht und Besorgnis. Wer sich nun keines Unrechtes bewusst ist, dem geht die frohe Hoffnung und der Trost im Alter nicht verloren (331 A).

---

[1]) Die Βενδίδεια (Artemisfest) wurden damals zum ersten Male im Piräus begangen, welchen ausser den Einheimischen auch Thracier beiwohnten (327 A, 354 A). Dazu bemerkt das Scholion: τούτων δὲ καὶ Θρᾷκες ἐκοινώνουν, ἐπεὶ καὶ Βένδις παρ' αὐτοῖς ἡ Ἄρτεμις καλεῖται, καὶ αὕτη τιμωμένη κοινῇ παρ' ἀμφοῖν· ταῦτα δὲ ἐτελεῖτο Θαργηλιῶνος ἐννάτῃ ἐπὶ δέκα.

[2]) Die Zitate sind nach K. Fr. Hermanns Ausgabe der pl. Dial. Leipzig 1872.

Wie ist nun ein gerechter Lebenswandel möglich? Der Besitz eines Vermögens, meint Kephalos, in der Hand eines wackeren und verständigen Mannes (τῷ ἐπιεικεῖ, νοῦν ἔχοντι) befördere dieses gerechte Leben (331 B), denn ein solcher könne leichter seinen Verpflichtungen gegen Gott und die Menschen nachkommen und brauche nicht gegen seinen Willen zu lügen oder zu betrügen. Sokrates formuliert aus diesen Worten eine Definition der δικαιοσύνη. Diese bestehe darin, die *Wahrheit zu reden und was man erhalten hat, zurückzugeben*, ἀληϑῆ τε λέγειν καὶ ἃ ἄν λάβῃ τις ἀποδιδόναι (331 C). Sokrates zeigt aber an einem Beispiele, dass es nicht immer recht ist, was jemand als das Seine zurückverlangt, ihm auch zurückzugeben. Man wird doch nicht einem wahnsinnig gewordenen Freunde sein Schwert zurückgeben dürfen! Polemarchos stimmt dem Sokrates bei, indem er sich auf den Dichter Simonides beruft.

Während nun Kephalos sich zurückzieht und dem Polemarchos das Wort überlässt, wird dieser von Sokrates veranlasst, die Ansicht des eben genannten Simonides über die δικαιοσύνη mitzuteilen. Nach Simonides, erklärt er, sei es Gerechtigkeit, *jedem das Schuldige zurückzugeben*, τὸ τὰ ὀφειλόμενα ἑκάστῳ ἀποδιδόναι δίκαιόν ἐστι (331 E). Wie hat aber der Dichter den Begriff τὰ ὀφειλόμενα verstanden? Das Zurückgeben darf doch, wie vorhin behauptet wurde, den Freunden keinen Schaden bringen. Simonides fasst offenbar ὀφειλόμενον gleichbedeutend mit προσῆκον (332 C). Gerechtigkeit wäre also, *den Feinden zu schaden, den Freunden zu nützen*, τὸ τοὺς φίλους ἄρα εὖ ποιεῖν καὶ τοὺς ἐχθροὺς κακῶς δικαιοσύνην λέγει; δοκεῖ μοι (332 D). Wer ist nun unser Freund? Die Menschen täuschen sich hierin sehr oft. Nicht wer unser Freund zu sein *scheint*, sondern wer es wirklich *ist*, dem sollen wir Gutes erweisen. Der Freund muss χρηστός oder im erweiterten Sinne ἀγαϑός sein, der Feind erscheint uns als πονηρός (335 A). Die Auffassung der δικαιοσύνη hat somit ein höheres, ethisches Moment erhalten das ἀγαϑόν. Gerechtigkeit besteht also darin, *dem Freunde zu nützen, weil er ἀγαϑός ist, dem Feinde zu schaden, weil er κακός ist*, τὸν μὲν φίλον ἀγαϑόν ὄντα εὖ ποιεῖν, τὸν δ' ἐχθρὸν κακὸν ὄντα βλάπτειν (335 A). Nun kann aber der Gerechte nicht *schaden*, d. h. einen anderen ungerecht oder schlechter machen, wie man mit der Trockenheit nicht feucht machen kann und mit Wärme nicht kalt (335 C, D). Der Begriff βλάπτειν muss also aus der Definition wegfallen (335 E). Der Begriff ὠφελεῖν bleibt bestehen. Sokrates will bestreiten, das Simonides oder einer der sieben Weisen die δικαιοσύνη so definiert habe, den Freunden zu nützen, den Feinden zu schaden. Er glaubt vielmehr, dass dieser Grundsatz von einem mächtigen und reichen Manne herstamme, z. B. von Periander, Perdikkas, Xerxes oder dem Thebaner Ismenias (336 A).

Der Sophist Thrasymachus, der das vorausgehende Gespräch mit angehört hatte, fuhr wild auf Sokrates zu und erklärte seine Unzufriedenheit mit seiner Manier zu disputieren. Sokrates frage immer und suche den anderen zu überführen, aber fragen sei eben leichter als antworten (336 C). Der Sophist behauptet, er wisse eine andere Erklärung für δικαιοσύνη. Sokrates war bereit sich von ihm belehren zu lassen. Thrasymachus verlangt dafür von ihm eine Bezahlung. Glaukon und die anderen versprechen sofort das Geld für Sokrates zu erlegen unter der Bedingung, dass Sokrates in seiner gewohnten Weise disputieren dürfe, nämlich als Fragender (337 D f.). Thrasymachus definiert nun die δικαιοσύνη als *den Nutzen des Stärkeren*, τὸ τοῦ κρείττονος ξυμφέρον (338 C). Denn man sieht, dass in den verschiedenen Staatsverfassungen das als δίκαιον, als Recht und Gesetz, aufgestellt wird, was den Herrschern selbst nützt, τὸ τῆς καθεστηκυίας ἀρχῆς ξυμφέρον (339 A). Oben hatte auch Sokrates die δικαιοσύνη als etwas Nützliches dargestellt. Thrasymachus bezeichnet sie ebenfalls als etwas Nützliches, jedoch mit dem Zusatze τὸ τοῦ κρείττονος. Die Wahrheit dieses Zusatzes will nun Sokrates untersuchen.

Thrasymachus meint damit: Was die Mächtigeren befehlen, ist für die Schwächeren Gesetz (340 A). Daraus folgert Sokrates, dass, wenn jene aus Irrtum etwas für sich Schädliches befehlen, das δίκαιον ein μὴ ξυμφέρον wäre (340 B). So würde die Definition des Sophisten einen Widerspruch enthalten, zudem da er oben (339 C) zugegeben hatte, dass die Herrscher nicht unfehlbar wären. Thrasymachus sucht sich folgendermassen zu wehren: Ein Herrscher oder Arzt muss die zu seiner Kunst nötige Kenntnis besitzen, mangelt ihm aber diese oder ist er im Irrtume befangen, so ist er kein Herrscher oder Arzt. So lange also einer wirklich ἄρχων ist, wird er sich nicht irren und nur das zum Gesetze machen, was für ihn das Beste ist (341 A). Das müssen die Untergebenen befolgen, das ist δίκαιον.

Wenn aber, wird fortgefahren, die ἀρχή eine τέχνη ist, so hat sie ihren Zweck nicht in sich, sondern ausser sich. Wie beispiels-

XIII

weise die Heilkunst nicht sich selbst zum Zwecke hat, sondern die Pflege der Kranken. Die Kunst sorgt nicht für sich, sondern für etwas anderes, für welches sie eben da ist οὐκ ἄρα ἰατρικὴ ἰατρικῇ τὸ ξυμφέρον σκοπεῖ ἀλλὰ σώματι (342 C). Jede Kenntnis und Kunst sucht also den Nutzen des Schwächeren und Untergebenen. Die obige Definition des Thrasymachus τὸ τοῦ κρείττονος ξυμφέρον ist demnach ins Gegenteil verwandelt τὸ τοῦ ἥττονος ξυμφέρον. Auch der Herrscher erstrebt nicht seinen persönlichen Vorteil, sondern den seiner Unterthanen, οὐδεὶς ἐν οὐδεμιᾷ ἀρχῇ, καθ' ὅσον ἄρχων ἐστί, τὸ αὑτῷ ξυμφέρον σκοπεῖ οὐδ' ἐπιτάττει, ἀλλὰ τὸ τῷ ἀρχομένῳ καὶ ᾧ ἂν αὐτὸς δημιουργῇ (342 E).

Thrasymachus, der etwas ungehalten wird, verweist den Sokrates unwirsch auf die thatsächlichen Verhältnisse. Wie ein Hirte, sagte er, seine Rinder und Schafe nur zu seinem Vorteile oder zum Nutzen seines Herrn pflegt und mästet, so suchen die Herrscher auch nur ihren eigenen Gewinn. Das δίκαιον *ist ein fremdes Gut,* der Vorteil des Stärkeren, des Herrschers; für den ἀνὴρ δίκαιος, d. h. für den Untergebenen und Gehorchenden *ist das δίκαιον ein Nachteil,* er steht immer hinter dem ἄδικος zurück ἔλαττον ἔχει (343 C, D). Das zeige am deutlichsten die Tyrannis, welche die vollendetste Ungerechtigkeit sei (344 A, B). Die Tyrannen ziehen allen Vorteil an sich und werden noch glücklich gepriesen. Man tadelt eben nicht das Unrechtthun (ἀδικία), man fürchtet und tadelt bloss das Unrechtleiden (344 C). So kommt es, dass die ἀδικία das Übergewicht erhält über die δικαιοσύνη, dass faktisch der Vorteil des Stärkeren, wie oben behauptet, Gerechtigkeit ist, jeder persönliche Vorteil aber Ungerechtigkeit.

Darauf will Thrasymachus fortgehen, er wird aber zurückgehalten. Sokrates will eine so wichtige Sache, die sich auf das ganze Verhalten und Leben des Menschen bezieht, nicht unerledigt lassen. Er ersucht den Sophisten, den Anwesenden die rechte Lebensart zu zeigen, βίου διαγωγὴν (διορίζεσθαι), ᾗ ἂν διαγόμενος ἕκαστος ἡμῶν λυσιτελεστάτην ζωὴν ζῴη (344 E). Im Dialoge Gorgias stellt Sokrates an Kallikles dieselben Fragen ὅντινα χρὴ τρόπον ζῆν (Gorg. 500 C), πῶς βιωτέον; (492 D). Im Gorgias hat Polos (466 B ff.) die nämlichen Grundsätze ausgesprochen wie hier Thrasymachus. Wie hier Thrasymachus die ἀδικία für vorteilhafter hält als die δικαιοσύνη, so hatte auch im Gorgias Polos behauptet, dass Unrechtleiden ein grösseres Übel sei, als Unrechtthun. Diese Ansicht wurde im Gorgias dadurch widerlegt, dass Polos einräumte, Unrechtthun sei hässlicher (αἴσχιον), als Unrechtleiden (Gorg. 477 A E, 478 D). Auf diese Widerlegung im Gorgias bezieht sich Plato deutlich, wenn er Politeia (348 E) sagt: εἰ γὰρ λυσιτελεῖν μὲν τὴν ἀδικίαν ἐτίθεσο, κακίαν μέντοι ἢ αἰσχρὸν αὐτὸ ὡμολόγεις εἶναι, ὥσπερ ἄλλοι τινὲς, εἴχομεν ἄν τι λέγειν κατὰ τὰ νομιζόμενα λέγοντες. Er meint, wenn Thrasymachus die ἀδικία für αἰσχρόν erklärt hätte, wie Polos im Gorgias zugab (ὥσπερ ἄλλοι τινές), so hätte er ihn nach den üblichen Grundsätzen widerlegen können. (Im Gorgias wurde angenommen, dass αἰσχρόν = Nachteil oder Schmerz sei) Hier in der Politeia findet diese Art der Widerlegung nicht statt. Der Behauptung des Sophisten stellt Sokrates seine eigene Überzeugung entgegen, dass die ἀδικία nicht vorteilhafter sei als die δικαιοσύνη, auch wenn man im Staate thun dürfe und könne, was man wolle (345 A). Er besteht sogar im voraus fest auf seiner Ansicht mit den Worten: ὅμως ἐμέ γε οὐ πείθει, ὡς ἔστι τῆς δικαιοσύνης κερδαλεώτερον (345 A). Dieses entschiedene Festhalten einer Ansicht weist darauf hin, dass diese Frage für Plato eine schon erledigte ist. Es sind damit die Resultate des Gorgias aufrecht erhalten. Sokrates hebt deshalb den früheren Satz wieder hervor, dass die Herrscherkunst nicht ihren eigenen Vorteil sucht, sondern den ihrer Untergebenen (346 E).

Weil also die Herrscher nicht ihren eigenen Vorteil bezwecken, sondern den ihrer Untergebenen, deshalb will niemand freiwillig ein Amt bekleiden; man muss durch Lohn, Geld, Ehre oder auch Strafe dazu veranlasst werden (345 E—547 A). Die Trefflichen (ἐπιεικέστατοι) wollen weder um der Ehre noch des Geldes willen herrschen, denn sie sind weder geldgierig noch ehrgeizig. Sie halten die Herrschaft nicht für angenehm und gut (347 C). Sie bekleiden ein Amt, um nicht von einem Schlechteren regiert zu werden. Man überlässt die Herrschaft anderen, um daraus Nutzen zu ziehen. Sokrates gibt auch von diesem Gesichtspunkte aus nicht zu, dass der Vorteil des Stärkeren Gerechtigkeit sei (347 E).

Wenn auch diese Frage nicht hinlänglich entschieden ist, so erscheint es doch für jetzt wichtiger, eine andere Ansicht des Thrasymachus zu prüfen, das Leben des ἄδικος sei besser (κρείττων) als das des δίκαιος. Thrasymachus nennt die δικαιοσύνη eine edle Gutmütigkeit (εὐήθεια), die ἀδικία dagegen ist bei ihm Klugheit (εὐβουλία). Er erklärt die ἀδικία für καλόν und ἰσχυρόν, die Ungerechten, sagt er, sind φρόνιμοι und ἀγαθοί. Ungerechtigkeit ist Weisheit, Gerechtigkeit ist Dummheit. Das sind die Grundsätze, wie sie im Dialoge Gorgias der dritte Mitunterredner Kallikles vorträgt (Gorg. 488 B f.): Gerechtigkeit ist das Recht des Stärkeren und Besseren vor dem Schwächeren und Schlechteren. Diese Stärkeren nennt dort Kallikles ebenfalls φρόνιμοι, ἀνδρεῖοι, βελτίονες (491 A, B). Gerechtigkeit und Besonnenheit erscheinen als ἀδυναμία und ἀνανδρία, als αἰσχρόν und κακόν (492 B).

Im Gorgias und hier ist δίκαιος der Mann, der es versteht zu herrschen, ἱκανοὺς ἐκπορίσασθαι ἀρχήν τινα ἢ τυραννίδα ἢ δυναστείαν (Gorg. 429 B). In ähnlicher Weise heisst es in der Politeia (348 D): πόλεις τε καὶ ἔθνη δυνάμενοι ἀνθρώπων ὑφ᾽ ἑαυτοὺς ποιεῖσθαι. Würde Thrasymachus die Ungerechtigkeit für αἰσχρόν halten, so wäre, wie oben schon hervorgehoben, die Widerlegung erleichtert (348 E). Nun aber ist sie erschwert dadurch, dass Thrasymachus der ἀδικία diejenigen Eigenschaften zuschreibt, die Sokrates der ἀρετή beizulegen pflegt (349 A.)

Dennoch versucht Sokrates den Sophisten zu widerlegen. Thrasymachus gibt zu, dass der δίκαιος nichts voraus haben will vor einem, der mit ihm gleich ist, wohl aber vor einem solchen, der ihm nicht gleichkommt. Der ἄδικος dagegen sucht sowohl dem Gleichen als auch dem Nichtgleichen voranzustehen (349 D). Der ἄδικος ist demnach, nach der Ansicht des Sophisten, ἀγαθός und φρόνιμος, trefflich und vernünftig, der δίκαιος unverständig und schlecht. Sokrates zeigt ihm aber nun, dass in jeder τέχνη und ἐπιστήμη derjenige ἀγαθός zu nennen ist, der φρόνιμος ist, d. h. der die nötige Einsicht besitzt, dass derjenige κακός heisst, der in seiner Kunst diese nötige Kenntnis nicht besitzt, der ἄφρων ist. Der φρόνιμος will in seiner Kunst nicht dem Gleichstehenden vorangehen, sondern nur dem Nichtgleichen. Der φρόνιμος gleicht also dem oben von Thrasymachus geschilderten δίκαιος, der ἄφρων dem ἄδικος. Nun ist aber der φρόνιμος unmittelbar voraus ἀγαθός genannt worden, der ἄφρων dagegen κακός. Daraus folgt nun, dass der δίκαιος gut und weise zu nennen ist, der ἄδικος schlecht und unvernünftig (350 C). So ist die Behauptung des Sophisten durch Schlüsse widerlegt.

Es bleibt nur noch eine Ansicht des Thrasymachus zu bekämpfen, dass nämlich ἀδικία stärker oder mächtiger sei (ἰσχυρότερον) als die δικαιοσύνη (344 C und 348 E). Diese Behauptung wäre leicht mit dem eben (350 C) bewiesenen Satze widerlegt. Wenn der δίκαιος weise und gut ist, so vermag er gewiss mehr als der ἄδικος, welcher unwissend und schlecht ist. Einsicht ist doch wirksamer als Unkenntnis. Doch auch auf andere Weise lässt sich der vorliegende Satz bestreiten. Im gegenseitigen Verkehre der Bürger im Staate, der Krieger im Heere wird die δικαιοσύνη jene Eintracht und Freundschaft erzeugen, welche zu einem gedeihlichen Handeln nötig ist (351 D f.). Wie im Grossen, so ist es auch im Kleinen, bei einem einzelnen Menschen. Die ἀδικία bringt ihn in Widerstreit mit sich selbst, raubt ihm den inneren Frieden, er meint es mit sich selbst und mit niemand gut. Er wird den Göttern verhasst werden (352 B). Obwohl hieraus schon die grössere Macht der δικαιοσύνη hervorgeht, so will doch Sokrates den Beweis noch besser liefern wegen der Wichtigkeit der Frage für das praktische Leben, οὐ περὶ τοῦ ἐπιτυχόντος ὁ λόγος, ἀλλὰ περὶ τοῦ ὄντινα τρόπον χρὴ ζῆν (352 D). Die richtige Lebensweise ist ein Werk der Seele, wie das richtige Sehen ein Werk der Augen. Also ist auch die ἀρετή ein Werk der ψυχή (353 E). Auch die Tugend der δικαιοσύνη ist eine vernünftige Thätigkeit der menschlichen Seele, die ἀδικία ist eine Schlechtigkeit derselben, wie oben (350 C) nachgewiesen ist. Daher wird der δίκαιος gut leben, der ἄδικος schlecht (353 E). Der εὖ ζῶν wird glücklich sein, der andere nicht. Schlecht und elend zu leben ist aber kein Vorteil, also ist ἀδικία auch nicht vorteilhafter als δικαιοσύνη. So ist Thrasymachus schliesslich mit allen seinen Behauptungen widerlegt (354 A). Sokrates schliesst das Gespräch mit der Bemerkung, es sei zwar nahezu gezeigt worden, dass δικαιοσύνη ein glückliches Leben bringe, was aber die δικαιοσύνη selbst sei, das wisse er durchaus noch nicht. Das sei aber doch das erste, das man suchen müsse, πρῶτον εὑρεῖν τὸ δίκαιον ὅ, τι ποτ' ἐστίν (354 B)[1])

---

[1]) Susemihl „Genet. Entwicklung d. pl. Ph." II p. 104 sagt, der Umstand, dass trotz der grossen Ähnlichkeit zwischen Georgias und dem 1. Buche der Politeia jener positiv schliesse, dieses erste Buch aber skeptisch, bezeichne einen vorgerückteren Standpunkt...

Übersicht.

Der erste Schritt zur philosophischen Erörterung ist die Definition des Kephalos von der δικαιοσύνη. Dieser versteht unter Gerechtigkeit: *Die Wahrheit reden und, was man erhalten hat, zurückgeben* 331 C (1.). Es ist darin der populäre Standpunkt eines ehrenhaften Mannes gekennzeichnet, für den Wahrheitsliebe und Redlichkeit die massgebenden Lebensgrundsätze sind.

Eine weitere Erklärung nimmt Polemarch aus Simonides: *Gerechtigkeit besteht darin, jedem das Schuldige zurückzugeben* 331 E (2.). Der Fortschritt von der ersten zur zweiten Erklärung besteht darin, dass in der zweiten nicht *alles* zurückgegeben wird, sondern nur *das Schuldige*. Da nun „Das Schuldige" (τὰ ὀφειλόμενα) als gleichbedeutend mit προσῆκον aufgefasst wird, entsteht die dritte Erklärung: *Gerechtigkeit ist es, den Freunden zu nützen, den Feinden zu schaden* 332 D (3.). Da sich aber das „Schaden" nicht mit dem Begriffe der Gerechtigkeit vereinigt, so bleibt von der Definition nur übrig, dass *δικαιοσύνη nützlich ist*.

Als *Nutzen des Stärkeren* 338 C (4.) wird die δικαιοσύνη von Thrasymachus aufgefasst.

Als *Nutzen des Schwächeren oder Untergebenen* 342 E (5.) bezeichnet sie Sokrates.

Wer sich Nutzen zu verschaffen weiss, ist nach Thrasymachus weise und gut. Unter den Händen des Sophisten wird die ἀδικία zur Tugend (349 A). Sokrates weist jedoch nach, dass *δικαιοσύνη Weisheit ist und deshalb nützlicher und besser* 350 C (6.). *Sie muss daher auch glücklich machen.* Mit diesem Satze schliesst das Gespräch.

Das Wesen der δικαιοσύνη ist noch nicht gefunden.

II. Buch.

uf Anregung des energischen Glaukon wird das Gespräch fortgesetzt. Das vorausgehende erste Buch wird ausdrücklich das Proömium genannt (357 A). Er knüpft an den Schluss des vorausgehenden Gespräches an, indem er Belehrung wünscht über das δίκαιον und ἄδικον. Als Thema wird also hingestellt *das Wesen der δικαιοσύνη.* Da aus dem ersten Buche bekannt ist, dass die δικαιοσύνη nützt und glücklich macht, so ist sie ein Gut. Zu welchen Gütern muss sie nun gerechnet werden? Das ἀγαθόν, führt er aus, ist nun dreifach.

a. Ein solches, das man seiner selbst wegen begehrt, nicht der Folgen halber, οὐ τῶν ἀποβαινόντων ἐφιέμενοι, ἀλλ᾽ αὐτὸ αὑτοῦ ἕνεκα ἀσπαζόμενοι (357 B). Dazu gehört z. B. die Freude.

b. Ein solches, das man sowohl seiner selbst als auch der Folgen wegen liebt, αὐτό τε αὑτοῦ χάριν καὶ τῶν ἀπ᾽ αὐτοῦ γιγνομένων (357 C), z. B. die Einsicht, das Sehen.

c. Ein solches, das mühevoll ist, aber uns Nutzen bringt, ἐπίπονα, ὠφελεῖν δὲ ἡμᾶς,[1]) das man nicht seiner selbst wegen, sondern seiner Vorteile halber liebt, z. B. die Gymnastik, die Heilkunst (357 C, D).

Sokrates will die δικαιοσύνη zu den Gütern rechnen, die unter b. verzeichnet sind; die man also sowohl ihrer selbst als auch ihrer Folgen wegen anstrebt. Zwei Momente werden in die δικαιοσύνη gelegt, *der innere eigene Wert der Gerechtigkeit* und *die daraus entspringenden Vorteile.* Das gewöhnliche Volk jedoch, das nur die Grösse der Vorteile im Auge hat, hält die δικαιοσύνη für mühevoll und lästig. Als Ziel der Untersuchung bezeichnet Glaukon folgende zwei Hauptpunkte:

1. *Was ist das Wesen der δικαιοσύνη und der ἀδικία?* 358 B: τί τ᾽ ἔστιν ἑκάτερον;

2. *Welche Wirkung üben beide aus, wenn sie in der Seele sind?* Καὶ τίνα ἔχει δύναμιν αὐτὸ καθ᾽ αὑτὸ ἐνὸν ἐν τῇ ψυχῇ; (358 B).

---

[1]) Polit. 357 D: καὶ αὐτὰ μὲν ἑαυτῶν ἕνεκα οὐκ ἂν δεξαίμεθα ἔχειν, τῶν δὲ μισθῶν τε χάριν καὶ τῶν ἄλλων, ὅσα γίγνεται ἀπ᾽ αὐτῶν.

XIX

Zu diesem Zwecke will er, indem er den populär-sophistischen Standpunkt einnimmt, von drei Punkten ausgehen. a. Welches ist die Beschaffenheit und der Ursprung der δικαιοσύνη?[1]) b. Man übt sie nur aus Zwang, nicht weil man sie für etwas Gutes hält (358 C). c. Man hält das Leben des ἄδικος für besser und nützlicher als das des δίκαιος.

Gerechtigkeit ist durch gegenseitigen Vertrag, durch das Gesetz entstanden. Die Schwachen sahen darin ihren Nutzen, durch gesetzliche Bestimmungen sich vor Unrecht zu schützen. Eigentlich ist der Trefflichste derjenige, der Unrecht thut ohne gestraft zu werden, der Schlechteste aber der, welcher nicht im Stande ist, erlittenes Unrecht zu rächen.[2]) Gerechtigkeit gilt als Schwäche (ἀρρωστία, ἀδυναμία 359 B). Der Mächtige und Mannhafte wird diesen Vertrag der gegenseitigen Schonung mit keinem eingehen.. Das, meint Glaukon, sei die Natur der δικαιοσύνη. Da der Mensch von Natur aus auf seinen persönlichen Nutzen ausgeht, dieser Nutzen aber mehr in dem ἀδικεῖν als in der δικαιοσύνη liegt, so scheint der obige Satz (b) richtig, dass der Mensch unfreiwillig und nur gezwungen gerecht handelt. Daraus ergibt sich sofort die Wahrheit des dritten Satzes (c), dass das Leben des ἄδικος dem des δίκαιος vorzuziehen sei (360 D).

Glaukon wünscht nun eine Vergleichung beider Lebensweisen, des δίκαιος und des ἄδικος βίος. Er selbst will die ἀδικία in ihrer vollendetsten Form schildern, Sokrates soll die δικαιοσύνη vertreten. Dieser δίκαιος soll ebenfalls in seiner höchsten Vollendung dargestellt werden, so dass auch der Schein der Gerechtigkeit ihm genommen ist, wodurch er als ἄδικος erscheint, während er δίκαιος ist (361 B, C).

Der ἄδικος, sagen die Lobredner der ἀδικία, verschafft sich Ansehen und Reichtum, er kann den Freunden Gutes erweisen und seinen Feinden schaden. Er vermag den Göttern Opfer zu bringen, sich bei ihnen und den Menschen beliebt zu machen. Ein solches Leben verdient den Vorzug (362 C). Adeimantos hält seinem Bruder die zeitlichen und ewigen Vorteile entgegen, welche nach den Aussprüchen des Hesiod, Homer und Musäus dem Gerechten zu teil

---

[1]) Polit. 358 C: οἷον εἶναί φασι καὶ ὅθεν γεγονέναι.
[2]) In gleicher Weise stellt im Dialoge Gorgias Kallikles das τὸ κατὰ φύσιν δίκαιον dar (488 B).

werden (363 A f.). Ferner verweist er auf die ewigen Strafen der Ungerechten;[1]) ausserdem preise alle Welt die σωφροσύνη und δικαιοσύνη. Sokrates schlägt nun einen anderen Betrachtungsmodus vor. Da die δικαιοσύνη nicht bloss in einem einzelnen Menschen, sondern auch in einem ganzen Staate zur Geltung komme, so wolle er, da das Grössere leichter kenntlich sei als das Kleinere, zuerst die δικαιοσύνη des Staates betrachten (368 E). So ist die Untersuchung *auf das staatliche Gebiet* übertragen. Es wird zuerst die *Entstehung eines Staates* geschildert. Dieser geht aus dem Bedürfnisse (χρεία) hervor. Der Mensch braucht zu seiner Existenz andere, er genügt sich selber nicht (369 B). Man hat Ackerbauende, Gewerbtreibende, Kaufleute und Dienstboten nötig. Diese führen ein einfaches Leben, sind friedlich und mässig, bleiben gesund und werden alt (372 D). Das ist der gesunde (ὑγιής) Staat. Dieser rohe Naturzustand geht allmählich über in einen verfeinerten, üppigen Staat (τρυφῶσα πόλις). In diesem herrscht die körperliche Bequemlichkeit und die Genusssucht vor. In diesem gibt es auch Jäger, Künstler, Dichter, Rhapsoden, Schauspieler, Chortänzer, mancherlei Handwerker und Dienerschaft und schliesslich noch Ärzte. Das Land wird nun für die vielen Bedürfnisse nicht ausreichen, man muss das Besitztum erweitern. So aber gerät man mit dem Nachbarstaate in Krieg (373 D, E). Daraus entsteht nun ein eigener Kriegerstand, die φύλακες.

Diese müssen von Natur entschlossen, rasch und kräftig sein, ferner tapfer, indem sie in ihrer Seele den Mut pflegen (τὸ θυμοειδές 375 B). Gegen ihre Angehörigen müssen sie sanft, gegen den Feind heftig sein. Ein tüchtiger Krieger muss aber auch zugleich wissbegierig sein (φιλομαθής, φιλόσοφος 376 C). Wie muss nun *die Erziehung solcher Männer* beschaffen sein? τίς οὖν ἡ παιδεία (376 E). Der Körper soll geübt werden durch die Gymnastik, die Seele durch die Musik. Mit letzterer soll der Anfang gemacht werden. Zur Musik gehören auch die λόγοι, Mythen und überhaupt die Poesie.[2]) Zuerst sollen die φύλακες Unterricht erhalten in den Mythen; diese

---

[1]) Bis zu diesem Punkte haben wir im wesentlichen nichts anderes, als was schon im Gorgias dargethan war. Wie hier Adeimantos auf die ewigen Strafen und Belohnungen hinweist, so endet das Gespräch im Gorgias auch mit einem Mythos über den Hades.

[2]) Schon im Dialoge Protagoras 325 C ff. wird die Jugenderziehung folgendermassen geschildert: Zuerst erhält das Kind häusliche Unterweisung, καὶ τρόφος καὶ μήτηρ καὶ παιδαγωγὸς καὶ αὐτὸς ὁ πατὴρ περὶ τούτου

sollen aber keine unwahren Erzählungen von den Göttern enthalten.
So ist es z. B. nicht gut, wenn von Hesiod erzählt wird, dass die
drei obersten Götter Uranos, Kronos und Zeus gegen einander gewaltsam gehandelt haben; denn das ist nicht wahr und wenn es
wahr wäre, dürfte man es jungen und noch unvernünftigen Menschen
nicht wieder erzählen (378 A), weil sie davon eine unrichtige Anwendung im Leben machen. Denn wenn sie etwa ihren Vater verfolgen, so entschuldigen sie sich damit, dass dies ja auch bei den
höchsten Göttern vorkomme, also kein Unrecht sei (378 B).[1]) Die
mythologischen Erzählungen müssen zur Erweckung der ἀρετή geeignet sein (378 E). Die Götter sollen im Epos wie in der Tragödie
als ἀγαθοί und ὠφέλιμοι dargestellt werden (379 A, B). Dagegen
hat Homer viel gefehlt (379 D). In der Dichtung soll der Grundsatz vertreten sein, dass der Schlechte elend ist und dass es besser
ist, für ein Unrecht gestraft zu werden, als verborgen zu bleiben.
So muss die Anschauung über die Götter beschaffen sein, die ja die
Ursache alles Guten sind μὴ πάντων αἴτιον τὸν θεὸν ἀλλὰ τῶν
ἀγαθῶν (380 C).

Die Götter ändern auch nicht ihre Gestalt weder durch äussere
Einflüsse noch aus eigenem Antriebe, was manche Dichter fälschlich
von Proteus, Thetis oder Hera sagen. Vielmehr ist die Gottheit
einfach und wahrhaft, d. h. sie verändert sich nicht und betrügt
nicht (382 E). Dichter, welche gegen diese Ansichten verstossen,
sollen keinen Chor erhalten, die Lehrer dürfen solche Dichtungen
nicht zum Jugendunterrichte benützen (383 C). Solche Ansichten
müssen den φύλακες über die Götter eingepflanzt werden. So ist
die Tugend der Frömmigkeit in ihnen zu entwickeln.

διαμάχονται, ὅπως βέλτιστος ἔσται ὁ παῖς. Darauf wird der Knabe in
die Schule geschickt, wo vorerst mehr auf gesittetes Betragen (εὐκοσμία),
als auf das Lernen und Musicieren gesehen werden soll (γράμματα und
κιθάρισις). Wenn dieselben lesen und schreiben gelernt haben, legen die
Lehrer ihnen gute Gedichte vor zum Lesen und Auswendiglernen, damit sie
durch die Beispiele des Guten und Vortrefflichen zur Nachahmung angeeifert
werden. Durch die Musik wird dann die Tugend der σωφροσύνη erzeugt.
Die Knaben lernen auch die melischen Dichtungen kennen und verpflanzen
dadurch Harmonie und Rhythmus in ihre Seelen.

[1]) Hier bezieht sich Plato wörtlich auf jenen Fall, der im Euthyphron (5 E)
behandelt ist, wo eben jener Wahrsager seine Anklage gegen den eigenen
Vater damit rechtfertigt, dass die obersten Götter gerade so gehandelt haben.
Polit. 378 B: οὐδὲν ἂν θαυμαστὸν ποιοῖς, οὐδ' αὖ ἀδικοῦντα
πατέρα κολάζων παντὶ τρόπῳ, ἀλλὰ δρῴη ἂν ὅπερ θεῶν οἱ πρῶτοί
τε καὶ μέγιστοι.

Übersicht.

Als Ziel der folgenden Erörterungen wird im zweiten Buche im engen Anschlusse an das erste Buch festgestellt:
1. Welches ist das Wesen der δικαιοσύνη und der ἀδικία? (358 B.)
2. Welche Wirkung haben beide, wenn sie von der Seele des Menschen Besitz ergriffen haben? (358 B.)

Um das Wesen der δικαιοσύνη zu finden, geht Glaukon zurück auf deren Ursprung und ihre niedere populär-sophistische Auffassung. Δικαιοσύνη ist durch menschliches Übereinkommen entstanden, jedoch ist die ἀδικία nützlicher. Sokrates macht den wichtigen Schritt zur Betrachtung des Staates (368 E). In diesem glaubt er die δικαιοσύνη leichter zu erkennen. Durch den Krieg entsteht ein besonderer Stand, die Wächter des Staates, die φύλακες. Wie müssen diese erzogen werden? (376 E.) Durch Musik und Gymnastik. Der Erfolg davon ist die rechte Anschauung über das Wesen der Götter, die Ausbildung zur Frömmigkeit (ὁσιότης).

III. Buch.

Damit nun diese φύλακες auch *tapfer* werden, muss man ihnen die Furcht vor dem Tode benehmen. Das erreicht man dadurch, dass man ihnen das Leben im Hades nicht als schrecklich darstellt. Auch in dieser Beziehung müssen die Dichter überwacht werden. Den Tod der Wackeren soll man nicht beweinen (387 D). Homer thut nicht recht, wenn er den Achilles am Meeresufer jammern und den Priamus sich am Boden wälzen lässt. Noch weniger ist es passend, wenn Zeus selbst klagt über den Tod des Hektor (388 C). Es soll alles vermieden werden, was der Wahrheit und Würde des Göttlichen widerspricht. Die ἀνδρεία ist somit dargestellt als Furchtlosigkeit.

Die Jugend braucht ferner die σωφροσύνη (389 D). Man versteht darunter in populärer Auffassung[1]) (ὡς πλήθει), den Herrschern unterthan sein und seine eigenen Lüste bezähmen (ἄρχειν τῶν ἡδονῶν). Gleich darauf wird die Besonnenheit Selbstbeherrschung ἐγκράτεια ἑαυτοῦ genannt (390 B).[2]) Man darf deshalb der Jugend auch nicht die sinnlichen, menschlichen Schwächen der Götter vorführen, sondern man muss ihnen die Heldenthaten grosser Männer zeigen (390 D). Homer ist nicht zu loben, dass er den Achilles, den Sohn einer Göttin, eigennützig, grausam und übermütig sein lässt (391 A ff.). Es soll nicht geduldet werden, dass die Götter und Heroen von den Dichtern nicht besser dargestellt werden, als die sündhaften Menschen (ἀνθρώπων οὐδὲν βελτίους 391 D); denn das widerspricht der Wahr-

---

[1]) Schleiermacher, „Pl. W." III, 1 p. 542: „Sokrates deutet wenigstens an, dass dies noch nicht die eigentliche Erklärung der Besonnenheit ist." Susemihl, a. a. O. II, p. 119: „Man begreift sehr leicht, weshalb gerade diese Tugend (σωφροσύνη) nur erst sehr allmählich mit ins Spiel gezogen wird, weil sie nämlich den Unterschied der Herrscher von den übrigen Wächtern voraussetzt, der hier eben noch nicht hervorgetreten ist."

[2]) Dieselbe populäre Auffassung findet sich Gorg. 491 D: πῶς ἑαυτοῦ ἄρχοντα λέγεις; οὐδὲν ποικίλον, ἀλλ' ὥσπερ οἱ πολλοὶ, σώφρονα ὄντα καὶ ἐγκρατῆ αὐτὸν ἑαυτοῦ, τῶν ἡδονῶν καὶ ἐπιθυμιῶν ἄρχοντα τῶν ἐν ἑαυτῷ.

heit und Frömmigkeit, οὐθ' ὅσια ταῦτα οὔτ' ἀληθῆ (391 E). Nachdem gezeigt ist, wie die Vorstellungen über die Götter beschaffen sein sollen (ὁσιότης), erübrigt noch darzulegen, *welche Grundsätze im Verkehre mit den Menschen massgebend sein müssen.* Das ist, wie wir aus dem Euthyphron (12 E) wissen, die δικαιοσύνη. Dort werden auch Frömmigkeit und Gerechtigkeit als verwandte Begriffe bezeichnet und beide unter dem Worte δικαιοσύνη zusammengefasst. Dichter und Redenschreiber thun Unrecht, wenn sie sagen, dass der Ungerechte glücklich sei, der Gerechte aber unglücklich, dass ferner Unrechtthun nütze, Gerechtigkeit den eigenen Schaden verursache oder einem anderen Vorteil bringe (392 B). Das waren die Behauptungen des Thrasymachus im ersten Buche.

Wir haben bisher folgendes als das Ziel der ersten Jugenderziehung aufgeführt gefunden: Unterrichtsgegenstand ist die Mythologie und die Poesie, (die man mit Einrechnung des Gesanges und der Instrumental-Musik als musikalischen Unterricht bei Plato bezeichnet findet). Mit diesen Mitteln sollen in der Jugend die Tugenden der ὁσιότης, ἀνδρεία, σωφροσύνη und δικαιοσύνη erzeugt werden. Diese Tugenden sind, wie es auch dem jugendlichen Geiste angemessen ist, nur ein Gefühl, eine Vorstellung des Richtigen. So ist die ὁσιότης die aus dem Unterrichte und der Lektüre der Dichter gewonnene richtige Vorstellung vom Wesen der Götter. Ἀνδρεία beruht ebenfalls nur auf einer richtigen Vorstellung vom Leben nach dem Tode im Hades, wodurch die Furcht vor dem Tode benommen wird, sie ist nur Furchtlosigkeit. Die σωφροσύνη ist hier die an den schönen Beispielen trefflicher Männer gelernte Beherrschung der Lüste und Begierden. Die δικαιοσύνη endlich umfasst die aus der Lektüre und dem Unterrichte gewonnenen Lebensgrundsätze. Das sind die Ziele des ersten Jugendunterrichtes, die genannten vier Tugenden sollen geweckt werden. Der Unterrichtsgegenstand, durch den und aus dem diese Wirkungen erzielt werden sollen, ist die Mythologie und Poesie, in der oben geschilderten reineren Form. Die Tugend der Weisheit (σοφία) ist selbstverständlich noch nicht genannt, da sie für diesen ersten Jugendunterricht ein unerreichbares Ziel bieten würde. Sehr richtig bemerkt daher Susemihl a. a. O. II, p. 121: „Dieser erste jetzt noch in Rede stehende Erziehungskursus erzeugt, wie sich weiter unten zeigen wird, nur erst die richtige Vorstellung, und darum eben kann die Weisheit hier noch nicht ausdrücklich genannt werden." Vgl. noch p. 123.

Der Inhalt der Poesie als Unterrichtsgegenstand ist oben besprochen, aber auch die Grundsätze sind hervorzuheben, die für die Form der Dichtung gelten sollen. Die nachahmende Poesie (μίμησις), Tragödie und Komödie, soll nichts anderes darstellen, als was die φύλακες in ihrem Berufe, der in der Erhaltung der staatlichen Freiheit besteht, fördern kann. Diese Wächter des Staates sollen ja nur das Tapfere, Besonnene, Fromme, Edle und Freie nachahmen, Unedles sollen sie meiden (395 C). Das Weibische, Gemeine oder Schlechte sollen sie fliehen. Denn die Nachahmung wird zur Gewohnheit, αἱ μιμήσεις... εἰς ἔθη τε καὶ φύσιν καθίστανται (395 D).

Die rechte Form der Rede und Darstellung (εἶδος λέξεώς τε καὶ διηγήσεως) übt nur der wahrhaft Treffliche (ὁ τῷ ὄντι καλὸς κἀγαθός). Ein solcher will und kann, da er selbst trefflich ist, auch das Treffliche am besten darstellen, das Schlechte wird er vermeiden. Also nur der Dichter ist im Staate zu dulden, der das ἐπιεικές nachahmt in Rede und Dichtung (397—398 A).

Wie muss nun der übrige Teil der μουσική, nämlich Gesang und Instrumental-Musik beschaffen sein? (398 C.) Das μέλος besteht aus Worten, Harmonie und Rhythmus (λόγου τε καὶ ἁρμονίας καὶ ῥυθμοῖ). Die gesungenen Worte müssen ebenso beschaffen sein wie die gesprochenen, deren Inhalt im Vorausgehenden gekennzeichnet ist (398 D). Harmonie und Rhythmus müssen sich an das Wort anschliessen (ἀκολουθεῖν δεῖ τῷ λόγῳ). Trauergesänge (θρηνώδεις ἁρμονίαι) und lockere Harmonien (χαλαραί) passen nicht für kriegerische Männer. Zwei Harmonien sollen eingeführt sein: eine ernste (βίαιος), wenn es gilt tapfer zu sein und Unglück und Gefahren zu bestehen; ferner eine freiwillige (ἑκούσιος), die in den Friedensbeschäftigungen von dem σώφρων gesungen werden (399 A f.). Die zulässigen Instrumente sind λύρα, κιθάρα und σῦριγξ.

Auch der Rhythmus des Versmasses hat sich dem Inhalte der Worte anzubequemen in gleicher Weise wie die Melodie, τὸν πόδα τῷ λόγῳ (ἀναγκάζειν) ἕπεσθαι καὶ τὸ μέλος (400 A). Nach Damon gibt es folgende Rhythmen:

Der heroische Daktylus, der Jambus und Trochäus, denen noch Längen und Kürzen angefügt werden können (400 B). Die genauere Darstellung der Verslehre findet sich bei Damon, auf den kurz verwiesen wird. Jedoch die Wirkungen der Musik auf die Seele des Menschen werden noch näher ausgeführt. Aus dem schönen

Charakter der Seele ergibt sich eine schöne Sprache (καλὴ λέξις), mit dieser verknüpft sich der rhythmische Gang der Worte und daraus das taktvolle, schöne Verhalten (εὐσχημοσύνη 400 D). Ein musikalisch gebildeter Charakter, σῶφρόν τε καὶ ἀγαθὸν ἦθος wird sein Wesen immer in harmonischer Weise an den Tag legen sowohl in Worten (εὐλογία) als auch Thaten (εὐσχημοσύνη). Doch nicht allein der Dichter muss gezwungen werden, nur das Gute darzustellen, sondern auch die übrigen Arbeiter im Staate (401 B f.), damit die Jugend nur das Schöne sieht und hört und dasselbe lieb gewinnt. Die musikalische Erziehung der Jugend ist von der grössten Wichtigkeit, κυριωτάτη ἐν μουσικῇ τροφή (401 D). Denn Rhythmus und Harmonie machen auf die Seele den tiefsten Eindruck und bringen ihr die εὐσχημοσύνη. Wer eine solche Erziehung genossen hat, fühlt genau überall das Schöne und Angemessene heraus und nimmt es freudig in sich auf (παραδεχόμενος εἰς τὴν ψυχήν), gleichsam eine geistige Nahrung, durch die er καλὸς κἀγαθός wird (401 E). Damit nun die φύλακες jederzeit die Erscheinungen des Schönen wahrnehmen, damit sie die Tugenden an anderen erkennen, müssen in ihren Seelen vorerst ähnliche schöne Bilder erzeugt werden, womit sie die übereinstimmenden Erscheinungen in der äusseren Erfahrungswelt erkennen (402 D). Susemihl sagt a. a. O. II, p. 133: „Plato will also nicht sowohl die Erweckung und Ausbildung der theoretischen Vorstellung, als vielmehr des praktischen Triebes zu allem Idealen, den Eros, als das wesentliche Ziel dieses ersten Kursus bezeichnen, weil eben der letztere (Eros) es ist, welcher bei höheren Naturen von da auch weiter von der Vorstellung zur Erkenntnis forttreibt." Mit Recht nennt Susemihl am nämlichen Orte diesen ersten Erziehungskursus „die unmittelbarste Vorbereitung auf den höheren philosophischen."

Der zweite Erziehungsgegenstand ist *die Gymnastik* (403 C). Durch Einfachheit und Nüchternheit wird die Gesundheit des Körpers erhalten. Wie die σωφροσύνη das harmonische Wohlbefinden der Seele bewirkt, so die Gymnastik die Gesundheit des Körpers (404 E). Durch moralische Ausschweifung (ἀκολασία) und durch körperliche Krankheit (νόσος) sind die Gerichtshöfe und Spitäler entstanden (405 B). Daher muss es auch Richter und Ärzte geben. Die tüchtigen Ärzte müssen schon von Jugend auf die Krankheiten sowohl an sich erfahren, als auch an anderen beobachtet haben. Die Richter müssen unbescholtene Männer sein und vielfach an den

XXVII

Schlechten Beobachtungen gemacht haben. Erfahrene Greise werden sich am besten zum Richteramte eignen (409 B). Dagegen werden die Jünglinge, welche mit der musikalischen Bildung die σωφροσύνη besitzen, nicht in die Lage kommen, vor Gericht erscheinen zu müssen. Sie werden andererseits in Folge der gymnastischen Übungen ihre Kräfte stählen und ihren Körper gesund erhalten und daher die Kunst des Arztes nicht bedürfen (410 A, B). Gymnastik und Musik muss jedoch vereinigt sein. Die ausschliessliche Pflege der Musik würde zu sehr verweichlichen, die Gymnastik allein würde zu derb und wild machen (410 D). Durch die Vereinigung beider wird die menschliche Seele besonnen und tapfer (411 A). Nicht zur mechanischen und körperlichen Ausbildung sind uns die beiden Künste von Gott gegeben, sondern zur Pflege der Seele, zur Pflege des φιλόσοφον (= λογιστικόν) und des θυμοειδές des inneren Menschen (412 E). Mit diesem letzten Satze gibt Plato eine Andeutung von der höheren Bestimmung des Menschen.

Aus diesen φύλακες geht nun *der Stand der Herrscher* hervor. Die Älteren sollen über die Jüngeren herrschen, πρεσβυτέρους τοὺς ἄρχοντας δεῖ εἶναι, νεωτέρους δὲ τοὺς ἀρχομένους (412 C). Diese Herrscher müssen besonnen, thatkräftig und sorgfältig sein. Sie haben jederzeit den Nutzen des Staates zu fördern und Schaden auf alle Weise abzuwenden (412 D). Das eigene Interesse ist dem Wohle des Staates nachzusetzen (413 C). Die zum Herrscherberufe geeignet scheinenden Charaktere müssen schon von Jugend auf beobachtet und geprüft werden, damit sie später tüchtige Lenker des Staates werden (413 E): καὶ τὸν ἀεὶ ἔν τε παισὶ καὶ νεανίσκοις καὶ ἐν ἀνδράσι βασανιζόμενον καὶ ἀκήρατον ἐκβαίνοντα καταστατέον ἄρχοντα τῆς πόλεως καὶ φύλακα. Die besten sollen also immer ausgelesen werden aus den Knaben, Jünglingen und Männern, um zu Herrschern und Wächtern herangebildet zu werden. Plato bemerkt hier, dass die Ausscheidung der Tüchtigen jetzt nur im allgemeinen, im Umrisse (ὡς ἐν τύπῳ) angegeben, aber noch nicht eingehend (δι' ἀκριβείας) dargestellt sei (414 A).

Die φύλακες sollen zusammen wohnen, unter sich und gegen ihre Mitbürger friedlich sein (416 C). Keiner darf ein eigenes Vermögen haben, die notwendigen Bedürfnisse werden ihnen von den übrigen Bürgern geliefert werden. Sie speisen gemeinschaftlich und leben wie im Kriegslager zusammen (416 E).

Übersicht.

Das dritte Buch schliesst sich an das zweite so enge an, dass ein eigentlicher Abschnitt in der Darstellung nicht gemacht werden kann. Der Schluss des zweiten Buches zeigt uns die Heranbildung der φύλακες zur Frömmigkeit (ὁσιότης), das dritte beginnt mit der Pflege der Tapferkeit (ἀνδρεία). Daran schliesst sich die Ausbildung der σωφροσύνη und δικαιοσύνη. Alle vier Tugenden beruhen auf einer aus Lektüre und Unterricht gewonnenen richtigen Vorstellung von den Göttern, vom Leben nach dem Tode im Hades, von den moralischen Grundsätzen, nach denen sich das innere und äussere Leben des Menschen regeln soll. Die σοφία ist noch ausgeschlossen.

Auf diesen ethischen Teil der musikalischen Erziehung folgt der eigentlich musikalische. Der schöne Gedanke, ausgedrückt in rhythmisch-harmonischem Gesange, wirkt bildend auf den Charakter, erzeugt Schönheitsgefühl, Geschmack für das Angemessene in Worten und Handlungen.

Somit ist der erste Unterrichtsgegenstand, die μουσική, in ihrem Umfange und in ihrer Wirkung dargestellt. Die musikalische Bildung wirkt in ihrem einen Teile (λόγοι) ethisch, d. h. sie erzeugt die oben genannten vier Tugenden; in ihrem zweiten Teile (μέλος) ästhetisch, d. h. sie erweckt Geschmack für das Angemessene und Liebe zum Schönen.

Als zweiter Unterrichtsgegenstand war im zweiten Buche die Gymnastik angeführt. Sie befördert die Gesundheit des Körpers. Doch darf ihr Zweck nicht so äusserlich aufgefasst werden. Es soll neben der Übung des Körpers auch das θυμοειδές der Seele gehegt und gepflegt werden.

Schliesslich wird hervorgehoben, dass μουσική und γυμναστική zusammen erst die richtige harmonische Bildung ohne Einseitigkeit gewähren.

Damit sind im allgemeinen die Gesichtspunkte einer guten Erziehung der φύλακες angegeben.

Aus den φύλακες sollen nun die Herrscher des Staates genommen werden. Es wird bestimmt, dass die Älteren herrschen sollen (412 C). Sie sollen das Wohl des Staates ohne Sonderinteresse fördern.

Wären nun alle φύλακες gleich tüchtig, so wäre es immer vorzuziehen, dass die Älteren herrschen. Jedoch sind die Talente nicht gleich verteilt. Die Tüchtigsten müssen vielmehr aus den Älteren herausgelesen werden (413 E). Schon unter den Knaben und Jünglingen ist auf jene tüchtigen zu achten, die zum Herrschen später geeignet erscheinen. Jedoch ist dieser Gedanke einer besonderen Erziehungssorgfalt für die künftigen Herrscher hier nur angedeutet und noch nicht eingehend dargestellt (414 A). Die Herrscher gehen zwar aus den φύλακες hervor, aber so viel ist schon eingeräumt, dass nur die Tüchtigsten von ihnen zur Herrschaft gelangen sollen. Die übrigen φύλακες, die sich gleichsam wie Silber verhalten zum Golde der Herrscher, leben gemeinschaftlich ohne eigenen Besitz ihrem Berufe als Wächter des Staates.

IV. Buch.

Bei einer solchen Einrichtung, wirft Adeimantos ein, scheinen die φύλακες den anderen Bürgern gegenüber, welche sich Vermögen erwerben können, nicht besonders glücklich zu sein. Sokrates bemerkt, dass er in einem solchen Staate gerade die δικαιοσύνη, die er schon so lange suche (ὃ πάλαι ζητοῦμεν 420 C), zu finden glaube, wo nicht ein einzelner Stand glücklich sei, sondern das Ganze. Jedem Stande dürfe nur so viel Glückseligkeit gewährt werden, als sich mit seiner natürlichen Stellung und mit seiner Pflicht verträgt (421 C). Πενία sowohl als auch πλοῦτος muss von jedem Stande ferne gehalten werden (421 E); denn dadurch würden die einzelnen schlechter, indem sie ihre Aufgabe nicht mehr erfüllen. Die φύλακες sollen den Staat nicht zu gross und nicht zu klein sein lassen (423 B, C). Sie sollen dafür sorgen, dass jeder Einzelne nur das Seine thut (423 D). Hauptsächlich aber sollen sie die körperliche und geistige Erziehung überwachen, damit die Naturen nicht schlechter, sondern besser werden. Aus demselben Grunde soll Frauen- und Kindergemeinschaft eingeführt werden (424 A). Doch ist dieses Thema erst später zu besprechen (ὅσα νῦν ἡμεῖς παραλείπομεν). Nun tritt die Frage immer deutlicher heraus, unter welchen Bedingungen ein Staat glücklich ist. Ein vollkommen eingerichteter Staat muss folgende vier Tugenden besitzen: σοφία, ἀνδρεία, σωφροσύνη und δικαιοσύνη.

Weise und wohlberaten (σοφὴ καὶ εὔβουλος) ist aber ein Staat vermittelst einer ἐπιστήμη (428 B). Diese ἐπιστήμη, die den Staat weise macht, darf sich nicht auf ein einzelnes Geschäft oder Handwerk, überhaupt nicht auf Einzelnes beziehen, sondern auf das Staatsganze, οὐχ ὑπὲρ τῶν ἐν τῇ πόλει τινὸς βουλεύεται, ἀλλ' ὑπὲρ ἑαυτῆς ὅλης (428 D). Diese ausgedehnte Kenntnis ist die der Wächter und Herrscher, die im Staate den kleinsten Bestandteil ausmachen. Dieser Stand soll also die σοφία besitzen.[1]

---

[1] Dieselbe Frage wird im Euthydem erörtert. Dort wird gesucht, in welcher Kunst die glücklich machende ἐπιστήμη zu finden wäre. Es war von der Staatskunst (βασιλική) behauptet worden, dass, wenn sie die Bürger glücklich machen will, sie die Weisheit σοφία mitteilen muss (Euthyd. 292 B). Dies thut sie aber erfahrungsgemäss nicht. Welche Kunst teilt also σοφία mit und macht weise und glücklich. Ich habe an einem anderen Orte gezeigt, dass Sokrates die Philosophie meint.

Die *Tapferkeit* wird man natürlicherweise nirgends anderswo suchen, als im Stande der φύλακες. Die ἀνδρεία ist, sagt Sokrates, die Kraft auf alle Weise die *Vorstellung vom Furchtbaren*, was und wie es ist, zu bewahren, ἢ διά παντὸς σώσει τὴν περὶ τῶν δεινῶν δόξαν (429 C). Diese Vorstellung ist aus der Erziehung nach dem Willen des Gesetzgebers gewonnen. Weder Leiden noch Lüste, weder Begierden oder Furcht dürfen dieselbe trüben (429 C). Sokrates wiederholt noch einmal die Definition der ἀνδρεία und nennt sie die Kraft *der beständigen Ausdauer in der richtigen und gesetzmässigen Vorstellung vom Furchtbaren und Nichtfurchtbaren*, δύναμιν καὶ σωτηρίαν διὰ παντὸς δόξης ὀρθῆς τε καὶ νομίμου δεινῶν πέρι καὶ μὴ ἀνδρείαν ἔγωγε καλῶ καὶ τίθεμαι (430 B).[1]) Also die Vereinigung der Ausdauer mit der richtigen Vorstellung des Furchtbaren ist Tapferkeit. Sokrates verzichtet auf eine eingehendere Erörterung über diese Tugend. Für den eigentlichen Zweck der Untersuchung, für die Auffindung der δικαιοσύνη, sei das gewonnene Resultat hinreichend (πρὸς οὖν τὴν ἐκείνου ζήτησιν ἱκανῶς ἔχει 430 C). Übrigens soll darüber noch einmal und zwar in trefflicherer Weise gehandelt werden, αὖθις δὲ περὶ αὐτοῦ, ἐὰν βούλῃ, ἔτι κάλλιον δίιμεν (430 C),

---

[1]) Wir sehen hier, dass Standhaftigkeit und die richtige Vorstellung (überhaupt Kenntnis) des Furchtbaren zusammengenommen erst die ἀνδρεία ausmachen. Im Laches finden wir ebenfalls die zwei Momente: καρτερία und ἐπιστήμη. Standhaftigkeit wird von Laches einseitig Tapferkeit genannt, selbst in dem Falle, wo die Ausdauer unvernünftig ist (Lach. 193 D). Nicias dagegen bezeichnet im genannten Dialoge die Tapferkeit als Einsicht in das Furchtbare und Nichtfurchtbare (Lach. 195 A). Daraus wird weiter die Erkenntnis des Guten entwickelt (Lach. 199 C) und die Identität der Tapferkeit mit der Tugend im allgemeinen festgestellt (Lach. 199 D). In jenem Dialoge wird behauptet, dass die gepflogene Erörterung trefflich gewesen sei; wenn noch irgend etwas nicht hinreichend dargestellt wäre, so werde dies später richtig gestellt werden (Lach. 200 B): ἐγὼ δ' οἶμαι ἐμοὶ περὶ ὧν ἐλέγομεν νῦν τε ἐπιεικῶς εἰρῆσθαι, καὶ εἴ τι αὐτῶν μὴ ἱκανῶς εἴρηται, ὕστερον ἐπανορθώσεσθαι. Diese nachfolgende genauere Bestimmung findet Cron (Sitzungsh. d. k. b. Akad. d. W. 1881. Hf. II. p. 195) im Dialoge Protagoras. Ich habe in meiner Dissertation p. 27 behauptet, dass solche genauere Erörterungen in der Politeia folgen werden. Wir haben thatsächlich eine genauere Bestimmung gefunden. Ἀνδρεία ist nach der Politeia die Vereinigung von καρτερία und φρόνησις (diese nicht im strengen platonischen Sinne gemeint); im Laches sind beide Begriffe von einander getrennt dargestellt, nachdem sie vorher einmal in der Definition φρόνιμος καρτερία vereinigt waren. Vgl. Laches 192 D. Zeller, „Ph. d. Gr." II, 1 p. 502 Anm. 1. 3. Aufl.

Vorläufig wolle er nur die politische Tapferkeit bestimmen, καὶ γὰρ ἀποδέχου, ἥν δ' ἐγώ, πολιτικήν γε (430 C).[1])

Die σωφροσύνη ist Harmonie und schöne Ordnung (κόσμος), man nennt sie auch Beherrschung der Lüste und Begierden (ἐγκράτεια), ausserdem Selbstbeherrschung (κρείττων ἑαυτοῦ). Das sind Bezeichnungen, wodurch nicht das Wesen, sondern nur die äussere Erscheinung und Wirkung der Tugend angedeutet ist (καὶ ἄλλα ἄττα τοιαῦτα ὥσπερ ἴχνη αὐτῆς φαίνεται (430 E). Selbstbeherrschung besteht darin, dass der bessere Teil der Seele über den schlechteren gebietet (431 A). So soll auch im Staate, wenn in demselben die σωφροσύνη zur Geltung kommen soll, der tüchtigere Teil über den schlechteren herrschen (431 C). Demnach ist σωφροσύνη die *Übereinstimmung zwischen Herrschern und Unterthanen*,[2]) ἡ αὐτὴ δόξα ἔνεστι τοῖς τε ἄρχουσι καὶ ἀρχομένοις περὶ τοῦ οὕστινας δεῖ ἄρχειν (431 D). Sie wurde oben (430 E) richtig eine Harmonie genannt. Sie ist aber nicht wie die ἀνδρεία und σοφία der Besitz eines einzelnen Standes, sondern sie ist über den ganzen Staat ausgedehnt, δι' ὅλης (πόλεως) τέταται (432 A). Sie stellt die harmonische Übereinstimmung her zwischen den drei Ständen, welche einzeln durch Einsicht, Kraft, Anzahl und Besitz sich von einander unterscheiden (432 A).

Die δικαιοσύνη besteht darin, *dass jeder nur das thut, wozu er von Natur am besten befähigt ist*, εἰς ὃ αὐτοῦ ἡ φύσις ἐπιτηδειοτάτη

---

[1]) Susemihl a. a. O. II, p. 152: „Platon weist somit (mit πολιτική) deutlich darauf hin, dass die einzelnen Tugenden noch nicht zu ihrem wahren Rechte kommen, so lange sie nur in der Gerechtigkeit ihr Ziel haben und deutet sonach schon auf die Erörterungen im 6. Buche voraus, in denen sie vielmehr in der Weisheit ihren wahren Einigungspunkt finden." Ich meine vielmehr, dass Plato zunächst auf die Stelle 442 C hinweist, wo die ἀνδρεία nicht vom politischen, sondern vom psychologischen Standpunkte aus dargestellt ist.

[2]) An dieser Stelle (429 E) stellt Plato seine früheren Erklärungen der σωφροσύνη zusammen, ganz in Übereinstimmung mit dem III. Buche der Politeia, wo er die populäre Ansicht über diese Tugend angibt (389 D f.), womit auch die Erklärungen im Dialoge Gorgias zusammentreffen. Im Charmides heisst die σωφροσύνη zuerst auch κόσμος (159 B), darauf wird sie erklärt mit τὸ τὰ ἑαυτοῦ πράττειν (Charm. 161 B), dann wird sie als Selbsterkenntnis (164 D) und schliesslich als ἐπιστήμη τοῦ ἀγαθοῦ aufgefasst. Im Gorgias heisst die σωφροσύνη (491 D), in gleicher Weise wie hier in der Politeia, Selbstbeherrschung, Bezähmung der Lüste und Begierden. An einer anderen Stelle (Gorgias 504 C) wird sie auch, wie in der Politeia, die schöne harmonische Ordnung der Seele genannt.

XXXIII

πεφυκυῖα εἴη (433 A). Jeder einzelne soll nur eine einzige Aufgabe erfüllen, er soll nicht vielerlei thun (πολυπραγμονεῖν), sondern nur *das Seine, τὸ τὰ ἑαυτοῦ πράττειν*. So ist auch die vierte Eigenschaft des Staates gefunden, welche den anderen erst Kraft und Dauerhaftigkeit verleiht (433 B). Welche von den vier Tugenden nun wird den Staat am meisten zu einem guten machen, die Eintracht der Herrscher und Unterthanen (σωφροσύνη), oder die richtige Vorstellung des Furchtbaren (ἀνδρεία), oder die Einsicht der Herrscher (σοφία), oder schliesslich die δικαιοσύνη (τὸ τὰ ἑαυτοῦ πράττειν? 433 C). *Das Seine thun* bedeutet im Staate, dass jeder Stand (γένος χρηματιστικόν, ἐπικουρικόν und φυλακικόν) das thut, wozu ihn seine Befähigung und Stellung anweist.

Diese allgemeinen Grundsätze, welche in den vorausgehenden Tugenddarstellungen auf den ganzen Staat angewendet wurden, will Sokrates nun an dem einzelnen Menschen prüfen und untersuchen, ob diese Untersuchung am Einzelnen und im Kleinen mit dem Plane im Grossen übereinstimmt (434 D f.).

Den drei Ständen im Staate entsprechen drei Formen der Seele (εἴδη, πάθη ψυχῆς), das *Wissbegierige* φιλομαθές, das *Mutvolle* θυμοειδές und das *Gewinnsüchtige* φιλοχρήματον (435 E). Wir verstehen, μανθάνομεν, wir zürnen, θυμούμεθα, und wir begehren ἐπιθυμοῦμεν (436 A). Eine Vorfrage ist noch dies, ob wir diese drei verschiedenen Thätigkeiten des Verstehens, Zürnens und Begehrens *mit der ganzen Seele* ausüben oder nicht (436 B). Dass in der Seele verschiedenartige Teile sind, die auch verschiedenartige Bestrebungen haben, zeigt die Erfahrung. Es begehrt z. B. einer zu trinken, aber er merkt, dass ihn etwas in der Seele davon abhält (439 C). Wäre die Seele ein ganzes, einheitliches Wesen, so könnte sie sich selbst nicht versagen, was sie begehrt. Diesen hindernden, berechnenden Teil der Seele muss man *das λογιστικόν* heissen, den begehrenden aber *das ἀλόγιστον* und ἐπιθυμητικόν (439 D). Dass sich aber noch ein dritter Teil, das θυμοειδές in der Seele findet, geht ebenfalls aus der Beobachtung hervor. Wir können bemerken, dass manche, die ihren Begierden unterlegen sind, nach dieser Niederlage schelten und zürnen (θυμούμενον τῷ βιαζομένῳ ἐν αὐτῷ (440 B). Der θυμός steht also oft im Widerspruche mit dem ἐπιθυμητικόν und ist demnach von ihm verschieden, τὴν ὀργὴν πολεμεῖν ἐνίοτε ταῖς ἐπιθυμίαις ὡς ἄλλο ὂν ἄλλῳ (440 A). Der θυμός verbündet sich in der Regel mit dem λογιστικόν, wie im Staate die ἐπίκουροι sich den

3

Herrschern anschliessen sollen (440 D). Wenn sich auch der ϑυμός mit dem λογιστικόν verbündet, so ist er doch verschieden von diesem. Man beobachtet z. B. an kleinen Kindern zwar frühzeitig den ϑυμός, während erst später oder auch gar nie der λογισμός sich zeigt (441 A, B). *Staat und Seele* haben also eine ganz ähnliche Einrichtung (441 C). Unter denselben Voraussetzungen ist auch der Einzelne *weise* und *tapfer*. *Gerecht* ist er in gleicher Weise wie im Staate dadurch, dass jeder Seelenteil das Seine thut (441 D). *Besonnen* ist er, wenn der ϑυμός dem λογιστικόν unterthan ist. Beide Seelenteile werden gleichfalls durch Musik und Gymnastik gebildet (441 E). Diese zwei oberen Seelenteile sollen über das gewaltige ἐπιϑυμητικόν über das vielgestaltige Begehrungsvermögen herrschen (442 A).

Haupteigenschaft des ϑυμοειδές ist *die Tapferkeit*, welche darin besteht, das von dem λογιστικόν angegebene Furchtbare und Nichtfurchtbare unter allen Umständen auch für furchtbar oder nichtfurchtbar zu halten, ὅταν διασώζῃ τὸ ὑπὸ λόγου παραγγελϑὲν δεινόν τε καὶ μή (442 C). Das ist jene Definition, die Plato oben (430 C) mit den Worten ankündigte αὖϑις δὲ περὶ αὐτοῦ, ἐάν βούλῃ, ἔτι κάλλιον δίιμεν. An jener obigen Stelle nannte er seine Definition der ἀνδρεία eine vorläufige, für den momentanen Zweck hinreichende Erklärung, die in so ferne annehmbar wäre, da sie vom politischen Standpunkte aus gemacht sei, καὶ γὰρ ἀποδέχου πολιτικήν γε (430 C). An dieser Stelle aber haben wir eine *psychologische* Erklärung der Tapferkeit, die Plato eine *schönere* nennt als jene obige *politische*.

Die σοφία ist die Einsicht in das, was jedem Seelenteile besonders oder dem gemeinsamen Ganzen nützt. Sie ist die Eigenschaft des λογιστικόν (442 C).

Die σωφροσύνη ist die freundschaftliche Übereinstimmung aller Seelenteile darin, dass das λογιστικόν herrsche und die beiden anderen gehorchen (ὅταν τό τε ἄρχον καὶ τὼ ἀρχομένω τὸ λογιστικὸν ὁμοδοξῶσι δεῖν ἄρχειν καὶ μὴ στασιάζωσιν αὐτῷ 442 D). Die σωφροσύνη ist demnach die Eigenschaft aller Teile der Seele.[1]) Sie ist Harmonie und friedliche Ordnung.

---

[1]) Vgl. Hirzel „Über den Unterschied der δικαιοσύνη und der σωφροσύνη in der platonischen Republik." Hermes VIII. 1874.
Dazu Zeller, „Ph. d. Gr." II, 1 p. 749 Anm. 1, 3. Aufl. „Platonische Forschungen" von Schultess, p. 11. „Platonische Studien" von Steger, II. Teil p. 35. (Innsbruck 1870)

XXXV

Die δικαιοσύνη besteht darin, dass jeder Seelenteil das Seine thut gemäss seiner herrschenden oder gehorchenden Stellung (ἀρχῆς τε πέρι καὶ τοῦ ἄρχεσθαι 443 B). Die δικαιοσύνη ist eine *Thätigkeit der Seele*. Wenn früher bei der Konstruierung des Staates (II, 369 ff.) Gerechtigkeit darin bestand, dass jeder Geschäftsmann nur *sein* Geschäft ausübte, dass der Schuster schusterte und der Zimmermann zimmerte, so war das, sagt Sokrates, nur ein Schattenbild der Gerechtigkeit, ein εἴδωλον δικαιοσύνης (433 D). Wessen Seele nun so harmonisch geordnet ist, der wird auch im praktischen Leben nur solche Handlungen verrichten wollen, welche seinem inneren Charakter entsprechen (443 E f.). Nach dem Vorausgehenden ist nun ἀδικία leicht zu bestimmen, indem nur die Gegensätze der δικαιοσύνη aufgeführt werden müssen. Die Ungerechtigkeit ist eine Empörung (στάσις) der Seelenteile unter sich, indem sie nicht das Ihrige thun. Dadurch entsteht Zügellosigkeit (ἀκολασία), Feigheit (δειλία) und Unwissenheit (ἀμαθία) (444 B). Tugend überhaupt ist die Gesundheit (ὑγίεια), Schönheit (κάλλος) und Wohlbefinden (εὐεξία) der Seele; Schlechtigkeit ist Krankheit (νόσος), Schande (αἶσχος) und Schwäche (ἀσθένεια 444 E). Ist es nun vorteilhafter, gerecht zu leben, oder nützt es mehr, ungerecht zu handeln ohne gestraft zu werden und durch Strafe sich zu bessern? (445 A.)[1]) Die Beantwortung dieser Frage geschieht sehr kurz dadurch, dass es schon ungereimt und lächerlich herauskäme, wenn man mit einem kranken und siechen Körper leben wollte, um wie viel mehr erst mit einer zerrütteten und verdorbenen Seele (445 A). Ein Rückblick zeigt, dass die Tugend nur *eine* ist, die Schlechtigkeit aber in unendlich mannigfaltiger Form auftritt (445 C). Es gibt fünf Staatsverfassungen, eben so viele Formen (τρόποι) der Seele findet man. Es gibt nur *eine* gute Staatsverfassung, deren Grundsätze im Vorausgehenden erörtert sind. Diese eine ist die βασιλεία, mit welcher die ἀριστοκρατεία wesensgleich ist. Diese beiden fasst Sokrates in *einer* Form zusammen, τοῦτο μὲν τοίνυν ἓν εἶδος λέγω (445 D).

---

[1]) Vgl. Gorgias 472 E.

Übersicht.

Nach den Erörterungen des dritten Buches über die musikalisch-gymnastische Erziehung der φύλακες, wodurch ein gut eingerichteter Staat entsteht, wird nun die Forderung gestellt, dass dieser so eingerichtete Staat auch weise und wohlberaten sein müsse. Es wird eine weitere Tugend, die σοφία, gefordert zu den anderen, ἀνδρεία, σωφροσύνη und δικαιοσύνη. Die ὁσιότης, welche am Schlusse des zweiten Buches als Ziel der Erziehung der Jugend erschien, ist im vierten Buche nicht mehr erwähnt. Dafür tritt hier ein höherer Standpunkt ein, indem die σοφία an die Spitze gestellt wird. Sie ist hier die Einsicht in das Staatsganze, in die Leitung der staatlichen Angelegenheiten, sie ist die *politische Einsicht* (428 D). Die Herrscher müssen also die σοφία besitzen. Es ist aber noch nicht erörtert, wie sie diese Tugend der Staatslenker erlangen.

Die *ἀνδρεία* ist das beharrliche Festhalten an der richtigen Vorstellung des Furchtbaren, während sie im dritten Buche die richtige Vorstellung vom Leben im Hades war, wodurch die Furchtlosigkeit entsteht (siehe III. B.). Die Auffassung im vierten Buche rückt den Begriff der Tapferkeit ins politische Leben herein. Sie ist nicht mehr die aus religiösen Mythen gewonnene Vorstellung. Jedoch bemerkt Plato selbst, dass die neue Definition des vierten Buches vorläufig nur für den vorliegenden Zweck hinreiche, die Tapferkeit sei eben hier nur im politischen Sinne aufzufassen (430 C).

Die σωφροσύνη war im dritten Buche (389 D) noch die Beherrschung der Lüste und Begierden, die man an trefflichen Beispielen aus der Lektüre sich aneignet. Hier im vierten Buche erhält sie eine *politische* Auffassung, indem sie die *Übereinstimmung zwischen Herrschern und Unterthanen* genannt wird (431 D).

Die *δικαιοσύνη* besteht darin, dass jeder im Staate das Seine thut, während sie im dritten Buche nur die aus der Lektüre und dem Unterrichte gewonnene richtige Vorstellung von den rechten Lebensgrundsätzen war.

Im vierten Buche ist die Tugendlehre durchgehends *politisch* aufgefasst.

Die bisherige politische Darstellung wird nun auf die Seele des Menschen angewendet (434 D f.).

XXXVII

Wie der Staat in Herrscher, Wächter und Arbeiter, so zerfällt die Seele in das Wissbegierige (φιλομαθές, λογιστικόν), Mutvolle (θυμοειδές) und Gewinnsüchtige (φιλοχρήματον, ἐπιθυμητικόν 435 E). Während wir vorher eine *politische* Auffassung der Tugendlehre hatten, erfolgt nun eine *psychologische*.

Die Tapferkeit des θυμοειδές ist das beharrliche Festhalten an der Vorstellung *des vom λογιστικόν* angegebenen Furchtbaren. In der vorhergehenden politischen Auffassung der ἀνδρεία war sie nur die richtige Vorstellung des Furchtbaren, hier aber wird der leitende Einfluss des λογιστικόν als genauere Bestimmung hinzugefügt.

Die σωφροσύνη ist die friedliche Übereinstimmung der Seelenteile unter einander.

Die δικαιοσύνη besteht darin, dass jeder Seelenteil das Seine thut.

Die *ἀδικία* ist eine Empörung der Seelenteile unter einander und hat die entgegengesetzten Wirkungen zur Folge.

Es gibt fünf Arten der Seelen und eben so viele Arten von Staatsverfassungen. Es gibt nur *eine* gute Staatsverfassung, das ist die im voraus dargestellte, die *βασιλεία* oder auch *ἀριστοκρατεία*, welche zusammen nur eine Form ausmachen, weil sie nach denselben Grundsätzen herrschen.

V. Buch.

Als Sokrates die übrigen schlechteren Staatsverfassungen schildern will, wird er unterbrochen mit einer Frage, welche Polemarchos einwirft. Dieser erinnert nämlich den Sokrates, dass er vorher behauptet habe, es müsse bei den Wächtern auch Gemeinschaftlichkeit der Weiber und Kinder stattfinden. Diese Bemerkung findet sich im vierten Buche (424 A), die aber dort nicht näher erörtert, vielmehr absichtlich noch übergangen wurde, ὅσα νῦν ἡμεῖς παραλείπομεν, τήν τε τῶν γυναικῶν κτῆσιν καὶ γάμων καὶ παιδοποιίας.

Sokrates lässt sich nicht gerne auf diese Erörterung ein, es sei nicht leicht, diesen Punkt auseinander zu setzen; es gebe darin noch mehr Unglaubliches, als in den früheren Darstellungen, πολλὰς γὰρ ἀπιστίας ἔχει ἔτι μᾶλλον τῶν ἔμπροσθεν ὧν διήλθομεν (450 C). Man bezweifelt die Möglichkeit der Einrichtung, und wenn diese wirklich möglich ist, bezweifelt man die Güte derselben. Deshalb zaudert Sokrates, er fürchtet die Wahrheit zu verfehlen und sich dem Gelächter auszusetzen. Endlich beginnt er dennoch folgendermassen:

Sollen die Weiber zu den nämlichen Diensten verwendet werden wie die Männer, so müssen sie auch die nämliche Erziehung erhalten wie jene; sie müssen in *Musik* und *Gymnastik* unterrichtet werden (452 A).

Vieles mag dabei lächerlich erscheinen, meint Sokrates, wenn es ausgeführt wird, wie es gesagt ist (452 A). Man mag spotten über die gymnastischen Übungen der Frauen, über ihre Musikübungen, über ihre Waffen- und Reitkunst (462 C). Dies darf man aber nicht fürchten, nachdem man einmal angefangen hat darüber zu sprechen. Es ist ja nur das Schlechte lächerlich, nicht aber das Gute und Nützliche (452 D u. 457 B).

Ist es nun möglich, die Frauen im Staate in derselben Weise wie die Männer zu verwenden? (453 A.) Man wendet ein, dass die Natur des Weibes von der des Mannes weit verschieden sei. Die Frauen müssten deshalb auch eine andere, ihrer weiblichen Naturanlage entsprechende Beschäftigung erhalten (453 B). Dem

XXXIX

hält Sokrates entgegen, dass das Weib für die staatlichen Geschäfte *die nämlichen menschlichen Naturanlagen* besitze wie der Mann; nur seien sie in allem schwächer als die der Männer (405 D): *ἀλλ' ὁμοίως διεσπαρμέναι αἱ φύσεις ἐν ἀμφοῖν τοῖν ζώοιν, καὶ πάντων μὲν μετέχει γυνὴ ἐπιτηδευμάτων κατὰ φύσιν, πάντων δὲ ἀνήρ, ἐπὶ πᾶσι δὲ ἀσθενέστερον γυνὴ ἀνδρός.* Wie es nämlich unter den Männern verschiedenartige Anlagen gibt, so ist auch unter den Frauen die eine zur Musik geeignet, eine andere ist kriegerischer Natur. Die eine ist philosophisch angelegt, die andere ist mutig (455 E f.). Manche Frauen eignen sich zum Dienste der Staatswächter. Man soll sie daher den *φύλακες* zugesellen und ihnen die nämlichen Verrichtungen auftragen wie den männlichen (456 B). Dies ist nämlich vermöge ihrer Naturanlage nicht nur eine mögliche Einrichtung, sondern, da die männlichen und demgemäss auch die weiblichen *φύλακες* auf Grund ihrer musikalischen und gymnastischen Ausbildung die *besten Bürger* sind, auch die beste gesetzliche Einrichtung (457 A): *οὐ μόνον ἄρα δυνατὸν ἀλλὰ καὶ ἄριστον πόλει νόμιμον ἐτίθεμεν.*

Wie ist nun diese Gemeinschaftlichkeit des Wächterdienstes zwischen Männern und Frauen zu denken?

Diese Frauen müssen allen Wächtern gemeinschaftlich gehören, kein einzelner soll mit einer einzelnen Frau verheiratet sein. Die Kinder gehören nicht einzelnen Familien an, sondern sie sind gemeinschaftlicher Besitz (457 D). Leid und Freude soll wie in einer eng geschlossenen Familie zugleich alle betrüben oder erfreuen. Wenn ein Glied unseres Körpers Schmerz empfindet, so leidet der ganze Körper mit ihm und empfindet mit; so soll es auch im Staate sein (462 C). Dieses Gefühl der einheitlichen Zusammengehörigkeit wird hauptsächlich bewirkt durch die *κοινωνία γυναικῶν καὶ παίδων* (464 A). Es soll ferner keinen Privatbesitz geben. Auf diese Weise werden viele Rechtsstreitigkeiten aufhören (464 D). Furcht und Scham werden verhindern, dass ein jüngerer einem älteren Gewalt anthut (*δέος τε καὶ αἰδώς* 465 B). Unter solchen Einrichtungen wird Friede im ganzen Staate sein. Die Bewohner desselben werden ein glückseligeres Leben führen als die olympischen Sieger (465 D). Die *φύλακες* ziehen mit den Frauen in den Krieg. Die reiferen Kinder werden, um sie an Gefahren und an den Anblick des Kampfes zu gewöhnen, mitgenommen (466 D ff.). Diejenigen *φύλακες*, welche sich auszeichnen, werden belohnt und geehrt. Ihr Verhalten im Kriege wird sich folgendermassen gestalten: Als Griechen sollen sie den Griechen gegenüber schonend verfahren. Einen Griechen sollen sie nicht zum Sklaven machen, die Gefallenen nicht ausrauben (469 C f.), den stammverwandten und befreundeten Griechen nicht das Land verwüsten (τὴν γῆν κείρειν) noch die Häuser niederbrennen (471 B). Mit dieser nachträglichen Darstellung der Frauen- und Kindergemeinschaft ist erst die Staatseinrichtung der vier ersten Bücher abgeschlossen.

Ob und wie aber *diese Staatsverfassung* möglich ist, ist noch nicht beantwortet, sagt Glaukon (471 C). Sokrates bemerkt, dass sie während der Untersuchung über die δικαιοσύνη und ἀδικία auf den jetzigen Standpunkt gekommen seien. Im zweiten Buche (358 B) waren als das Ziel der Untersuchung folgende zwei Fragen aufgestellt:
1. Was ist das Wesen der δικαιοσύνη und ἀδικία? (s. oben.)
2. Welche Wirkung üben beide aus, wenn sie in der Seele sind?

Es wurde dann im dritten Buche die musikalisch-gymnastische Erziehung zur Tugend und zur δικαιοσύνη dargestellt. Im vierten Buche wurden diese Tugenden einerseits vom politischen, andererseits vom psychologischen Standpunkte aus erklärt. Als das Gegenbild davon war im vierten Buche (444 B f.) die ἀδικία geschildert. Bis zum Schlusse des vierten Buches ist also jene erste Frage nach dem Wesen der δικαιοσύνη und ἀδικία beantwortet. Es bleibt noch die zweite übrig: Welche Wirkung haben beide in der Seele? Darum sagt auch Sokrates am Anfange des fünften Buches (472 B): ζητοῦντες δικαιοσύνην οἷόν ἐστι καὶ ἀδικίαν δεῦρο ἥκομεν. Dieser Satz weist deutlich auf jene erste Frage im zweiten Buche (358 B) hin. Das Wesen der δικαιοσύνη ist jedoch nicht deshalb bestimmt worden, um die Möglichkeit der obigen Staatsverfassung nachzuweisen (οὐ τούτου ἕνεκα, ἵν' ἀποδείξωμεν ὡς δυνατὰ ταῦτα γίγνεσθαι 472 D), sondern nur des vergleichenden Musters halber (παραδείγματος ἕνεκα), damit jeder sieht, wie der Gerechte und Ungerechte beschaffen ist, damit jeder nach diesem Musterbilde sein Verhalten einrichten kann (472 C). Die Darstellung der Politeia und die Erörterung über die Tugenden haben sich also *parallel neben einander entwickelt*, *nicht die eine aus der anderen*. Wie ein Maler, der ein vorzügliches Gemälde geschaffen hat, aber nicht im Stande ist darzuthun, wie diese schöne, gemalte Gestalt in der Wirklichkeit vorkommen kann, deshalb keineswegs ein schlechterer Maler ist, so haben auch wir, sagt Sokrates, *das Muster eines guten Staates* aufgestellt, παράδειγμα ἐποιοῦμεν λόγῳ ἀγαθῆς πόλεως (472 E).

Dennoch will Sokrates dem Glaukon zu liebe nachweisen, dass ein solcher Staat möglich ist. Freilich wird *das* im vornherein anzunehmen sein, dass die praktische Ausführung immer hinter der Theorie zurückbleiben wird, τοῦτο μὲν δὴ μὴ ἀνάγκαζέ με, οἷα τῷ λόγῳ διήλθομεν, τοιαῦτα παντάπασι καὶ τῷ ἔργῳ δεῖν γιγνόμενα ἀποφαίνειν... Es ist schon hinreichend, wenn der Staat dem Gesagten möglichst nahe kommt, schon damit ist die Möglichkeit der oben dargestellten Verfassung erwiesen (473 A): ἐὰν οἷοί τε γενώμεθα εὑρεῖν, ὡς ἂν ἐγγύτατα τῶν εἰρημένων πόλις οἰκήσειεν, φάναι ἡμᾶς ἐξευρηκέναι, ὡς δυνατὰ ταῦτα γίγνεσθαι, ἃ σὺ ἐπιτάττεις. Sokrates beginnt mit dem wichtigen Satze:

Es wird kein Aufhören der bestehenden Übel geben, wenn nicht *die Philosophen in den Staaten herrschen* oder *die Herrscher Philosophen werden*. Staatsgewalt und Philosophie müssen vereinigt sein, δύναμίς τε πολιτικὴ καὶ σοφία (473 D).[1]) Glaukon hebt hervor, dass viele und zwar keine Schlechten wegen dieser Behauptung über Sokrates herfallen werden (474 A). Es wurde schon im vierten Buche (428 B f.), als die Tugenden vom politischen Gesichtspunkte aus betrachtet wurden, hervorgehoben, dass die Herrscher des Staates die σοφία besitzen müssen. Die Konsequenz dieses Gedankens finden wir jetzt an dieser Stelle des fünften Buches ausgesprochen. Wer diese σοφία besitzen will, muss sich dieselbe durch die Philosophie erwerben. Die Herrscher müssen Philosophen werden oder die Philosophen Herrscher.[2])

Es mögen manche spotten, aber Sokrates unternimmt es doch, nachzuweisen, dass er Recht habe. Wenn es gut gehen soll in den Staaten, so müssen die Philosophen herrschen (474 B).[3]) Denn diese streben nach der echten Weisheit und nach der ganzen und vollen

---

[1]) Ἐὰν μὴ ᾖ οἱ φιλόσοφοι βασιλεύσωσιν ἐν ταῖς πόλεσιν ἢ οἱ βασιλεῖς τε νῦν λεγόμενοι καὶ δυνάσται φιλοσοφήσωσι γνησίως τε καὶ ἱκανῶς καὶ τοῦτο εἰς ταὐτὸν ξυμπέσῃ δύναμίς τε πολιτικὴ καὶ φιλοσοφία (473 D). M. vgl. zu dieser Stelle Jakob Bernays „Phokion", p. 112 f.
[2]) Schon oben IV. Buch 428 D habe ich auf die ähnlichen Erörterungen des Euthydem verwiesen.
[3]) Susemihl a. a. O. II. p. 177 „Neue Aufschlüsse erhalten wir dabei nicht, sondern es werden nur die Erörterungen der dialektischen Dialoge kurz rekapituliert."

Eine eingehendere Vergleichung der Politeia mit den dialektischen Dialogen, besonders mit Theaetet, Sophistes, Politikos, Parmenides war mir nicht mehr möglich.

Wahrheit, τοὺς τῆς ἀληϑείας φιλοϑεάμονας (475 E). An schönen Stimmen, schönen Farben und Formen haben viele Gefallen, diejenigen aber sind selten, die im Stande sind, auf *das Schöne an und für sich* zu kommen und es zu schauen, ἐπ' αὐτὸ τὸ καλὸν δυνατοὶ ἰέναι τε καὶ ὁρᾶν καϑ' αὐτό (476 B). Diejenigen, welche zwar eine *Vielheit von schönen Dingen* annehmen, aber an die Existenz *der Schönheit selbst* nicht glauben, noch auch unter der Leitung eines anderen bis zur Erkenntnis *der Idee des Schönen* zu bringen sind, die scheinen gleichsam zu träumen (476 C). Denn sie halten ein schönes Ding der Erscheinungswelt, das nur ein Abbild (εἴδωλον) ist von der Idee des Schönen, für das Schöne selbst. Sie erkennen nicht, dass der schöne Gegenstand jener Idee des Schönen nur ähnlich ist (ἐὰν . . . τὸ ὅμοιόν τῳ μὴ ὅμοιον, ἀλλ' αὐτὸ ἡγῆται εἶναι, ᾧ ἔοικεν 476 C). Wer dagegen an das Schöne selbst, an die Idee des Schönen (αὐτὸ καλόν) nicht nur glaubt, sondern diese Idee auch erschaut (δυνάμενος καϑορᾶν), und die mannigfaltigen Abbilder der Idee (τὰ ἐκείνου μετέχοντα) mit der Idee selbst nicht verwechselt, der ist jenen Träumern gegenüber ein Wachender.[1]) Der letztere hat eine Erkenntnis (γιγνώσκει), der andere nur eine Meinung (δοξάζει 476 D). Diese beiden Begriffe, γιγνώσκειν und δοξάζειν, werden nun näher erklärt.

Man kann nur das Existierende erkennen, das Nichtexistierende ist unerkennbar (477 A). Auf dem Seienden beruht die Erkenntnis, γνῶσις, ἐπιστήμη, auf dem Nichtseienden die Unwissenheit ἄγνοια. Auf dem aber, was zwischen Sein und Nichtsein liegt, beruht die Meinung, Vorstellung (δόξα).[2]) Da diese δόξα zwischen der ἐπιστήμη und ἄγνοια steht, so ist sie dunkler (σκοτωδέστερον) als die erstere, aber deutlicher als letztere (ἀγνοίας φανότερον 478 C). Es bleibt nur noch übrig zu bestimmen, was jenes ist, worauf die δόξα beruht.

---

¹) Im Menon (98 A ff.) ist der Unterschied der δόξα ἀληϑής und der ἐπιστήμη ebenso erklärt. Die wahren Meinungen oder Vorstellungen sind etwas Flüchtiges und Vergängliches (οὐκ ἐϑέλουσι παραμένειν). Sie haben deshalb an und für sich keinen grossen Wert. Es fehlt ihnen die Erkenntnis des Grundes, sie wissen nicht, warum etwas so oder anders sein muss. Erst wenn man sie durch das Auffinden der Ursachen der Dinge befestigt, sind sie ein bleibendes Gut (ἕως ἄν τις αὐτὰς δήσῃ αἰτίας λογισμῷ).
²) Vgl. 477 B: ἐπ' ἄλλῳ ἄρα τέτακται δόξα, ἐπ' ἄλλῳ ἐπιστήμη, κατὰ τὴν ἄλλην δύναμιν ἑκατέρα τὴν αὑτῆς.

XLIII

Es ist etwas, was sowohl am Sein als auch am Nichtsein Anteil hat, τὸ ἀμφοτέρων μετέχον τοῦ εἶναί τε καὶ μὴ εἶναι (478 E). Das ist die Menge der Erscheinungsformen, τὰ τῶν πολλῶν πολλά (479 D). Diese sind nicht erkennbar, sondern nur vorstellbar (δοξαστά, οὐ γνωστά). Wer also die Idee der Gerechtigkeit nicht erfasst hat, sondern nur vieles Gerechte, d. h. viele gerechte Handlungen, der hat keine *Erkenntnis*, sondern nur eine *Meinung* von der Gerechtigkeit (479 E). Diese lieben auch nur die Erscheinungswelt und dürften daher treffend φιλόδοξοι genannt werden. Die anderen aber, welche in der mannigfachen Erscheinungswelt die ewigen, unveränderlichen Ideen erkennen, heissen allein φιλόσοφοι.[1])

Übersicht.

Die *Frauen- und Kindergemeinschaft* ist schon im vierten Buche (423 E) als zur Organisation des Wächterstandes erforderlich erwähnt, aber vorläufig nicht näher ausgeführt worden. Im fünften Buche wird diese κοινωνία γυναικῶν καὶ παίδων genau dargestellt. Plato macht dadurch aus dem Stande der φύλακες gleichsam eine grosse Familie, die eben durch die Gemeinschaftlichkeit alles Besitzes die Eintracht bewahrt und deshalb grösseren Erfolg im Kampfe verspricht. Die Frauen sollen jedoch zu denselben Diensten verwendet werden wie die Männer und die Kinder sollen schon frühzeitig an Gefahren und Strapazen des wirklichen Krieges gewöhnt werden.

Mit dieser Darstellung ist erst die Schilderung des Wächterstandes als vollendet zu betrachten. Es wäre ein Mangel gewesen, wenn Plato zwar die ganze Erziehungsweise der φύλακες und ihre Aufgabe im Staate geschildert hätte, aber eine so wichtige Behauptung von der Frauen- und Kindergemeinschaft nicht näher dargestellt hätte. Diese erste Erörterung des fünften Buches erscheint demnach als Nachtrag zum vierten Buche. Damit ist nun die in den vier ersten Büchern geschilderte Verfassung vollendet. Wir haben den Wächterstand, aus denen die Herrscher genommen werden;

---

[1]) Susemihl a. a. O. II. p. 178: „Und so sieht man denn, wie wiederum die obigen Entwicklungen über die Liebe zum Schönen (Vgl. III. Buch 402 D) und die richtigen Vorstellungen als Wirkungen des ersten Erziehungskurses durchaus so gehalten sind, um erst hier ihre wissenschaftliche Basis zu finden."

neben diesen die Unterthanen, den Gewerbestand. Mit der Bildung und Erziehung der φύλακες beschäftigen sich die vorausgehenden Bücher. Herrschen sollen, wie es in III, 412 heisst, die älteren über die jüngeren, da aber nicht alle gleich gut beanlagt sind und sich nicht in gleicher Weise tüchtig gezeigt haben schon von Jugend auf, so wird dazu bemerkt, dass man natürlich die tüchtigsten zu Herrschern bestimmt (III, 413 C). Diese kleine Anzahl der Tüchtigsten bildet also den Herrscherstand. Bis hierher war die Ausbildung der Herrscher auf Musik und Gymnastik basiert, im vierten Buche aber (428 B f.) wird für diese Staatslenker die σοφία als Haupttugend gefordert. Durch die psychologische Betrachtung der Tugenden (442 C ff) wird klar gemacht, dass die σοφία die Tugend des obersten Seelenteiles und ebenso des ersten Standes im Staate, der Herrscher ist. Wie aber diese oberste ἀρετή erlangt wird, ist noch nicht gezeigt.

Im fünften Buche wird nun (473 D), da die Herrscher die σοφία besitzen sollen, ganz konsequent die Forderung gestellt, dass diese Herrscher sich die σοφία erworben haben müssen, d. h. dass sie Philosophen sein müssen. Die Philosophen nämlich sind es, die nach der Wahrheit streben, d. h. das wahre Sein, die Ideen zu erkennen trachten. In der Vielheit der sinnlichen Erscheinungen suchen sie nach dem allein Wahren und Bleibenden (276 B). Sie besitzen allein eine γνῶσις, eine Erkenntnis des Wirklichen, die anderen haben nur eine Vorstellung (δόξα), die ihr Objekt in dem hat, was zwischen Wirklichem und Nichtwirklichem liegt, d. h. in der Erscheinungswelt, in der Mannigfaltigkeit der Dinge und Handlungen. Wer also, so schliesst das fünfte Buch, ein Philosoph sein will, muss, um von der Gerechtigkeit nicht eine δόξα, sondern eine ἐπιστήμη zu besitzen, die Idee der Gerechtigkeit erfasst haben.

Der frühere Erziehungsplan, der in den vorausgehenden Büchern dargelegt ist, hat diese Erkenntnis den Herrschern noch nicht mitgeteilt. Diese Darlegung geschieht erst jetzt. Wie wird der philosophische Herrscher herangebildet?

VI. Buch.

Die Philosophen also, welche überall die Wahrheit erkennen, an Erfahrung und Tugend nicht zurückstehen, sollen den Staat regieren (484 D). Die Natur der Philosophen liebt immer das Wissen, welches sich auf das ewige, unwandelbare Wesen der Ideen bezieht (485 B), darum hassen sie auch die Lüge und Unwahrheit. Wahrheit und Weisheit gehören unzertrennlich zusammen. Der Lernbegierige (φιλομαθής) muss schon von Jugend auf alle Wahrheit zu erlangen suchen. Der wahre Philosoph strebt nur nach den Vergnügungen der Seele, er achtet die des Körpers nicht. Dadurch ist er σώφρων (485 D, E), d. h. *er beherrscht die sinnlichen Lüste*. Eine philosophische Natur, welche das Göttliche und Menschliche in seiner grossen Allheit erfassen will, kennt keine Kleinlichkeit (σμικρολογία 486 A). Der Philosoph muss ein gutes Gedächtnis haben (μνημονικήν sc. ψυχήν 486 D). Sein Verstand (διάνοια) muss von Natur ebenmässig sein, um zum Verständnisse der Ideen gelangen zu können (ἐπὶ τὴν τοῦ ὄντος ἰδέαν ἑκάστου 486 E). Er muss gelehrig sein (εὐμαθὴς) und muss in freundschaftlicher Verwandtschaft stehen zur Wahrheit, Gerechtigkeit, Tapferkeit, Besonnenheit (487 A).

Wie steht es aber mit denen, wirft Adeimantos ein, welche zwar Philosophie getrieben haben, aber doch unbrauchbar für den Staat geblieben sind (487 D f.)? Es gibt Leute,[1]) welche die Philosophen nicht achten, dieselben für unbrauchbare Schwindler erklären.[2]) Es ist dies nicht zu verwundern, die Ursache hievon liegt im Volke selbst. Wie nämlich der Kranke zum Arzte geht, so

---

[1]) Susemihl (a. a. O. II. p. 183) sagt, dass dabei dem Plato offenbar die Wolken des Aristophanes und andere gegen die Philosophie gerichtete Komödien vorschweben, welche diesem Vorurteile der Menge seinen eigentlichen Ausdruck liehen.

[2]) M. vgl. Gorg. 485 A ff: ἐπειδὰν δὲ ἤδη πρεσβύτερος ὢν ἄνθρωπος ἔτι φιλοσοφῇ, καταγέλαστον, ὦ Σώκρατες, τὸ χρῆμα γίγνεται . . . 485 C: παρὰ νέῳ μέν γὰρ μειρακίῳ ὁρῶν φιλοσοφίαν ἄγαμαι . . . . ὅταν δὲ δὴ πρεσβύτερον ἴδω ἔτι φιλοσοφοῦντα . . . πληγῶν μοι δοκεῖ ἤδη δεῖσθαι οὗτος ὁ ἀνήρ.

sollten auch die Unterthanen zu denjenigen gehen, welche das Herrschen verstehen (489 B f.). Das thun sie aber nicht, sie verlangen vielmehr, dass diese zu ihnen kommen und sie bitten, sich beherrschen zu lassen. Unter solchen unverständigen Leuten ist es nicht leicht für die Philosophie ein Ansehen zu gewinnen (489 C). Dazu kommen noch die gröbsten Verleumdungen. Die Unbrauchbarkeit auch der guten Philosophen kommt eben nur daher, dass man diese nicht *gebraucht*. Die Menschen sind zu kurzsichtig und unverständig, um die Brauchbarkeit derselben zu erkennen (489 A ff.). Sehr viele, welche sich der Philosophie gewidmet haben, lautet ein weiterer Vorwurf, sind ausgeartet und schlecht geworden. Daran ist die Philosophie nicht schuld (480 E). Denn diese sucht die Wahrheit und hasst die Lüge (490 B). Sie kann also solche schlechte Folgen nicht haben, sondern wird einen gerechten und gesunden Sinn erzeugen, wodurch die σωφροσύνη entsteht (ᾧ καὶ σωφροσύνην ἕπεσθαι 490 C). Daraus werden dann die übrigen Tugenden entspringen. Allerdings gibt es unter denen, die sich Philosophen nennen, schlechte und verdorbene (490 E). Denn selten und nur bei wenigen Menschen findet sich jene Naturanlage, welche zu einem vollkommenen Philosophen befähigt (491 A f.). Und diese wenigen sind wieder vielen grossen Gefahren ausgesetzt, welche die Seele verderben und von der Philosophie abziehen. Gerade was eben als Vorzug des Philosophen gelobt wurde, verdirbt, wie ungereimt es auch klingen mag, die Seele und hält vom Philosophieren ab (ὃ μὲν πάντων θαυμαστότατον ἀκοῦσαι... ἄτοπον, ἔφη, ἀκοῦσαι (491 B). Dazu gehört ἀνδρεία, σωφροσύνη, ferner die sogenannten Güter: Schönheit, Reichtum, Körperkraft, grosse Verwandtschaft (ξυγγένεια ἐρρωμένη).[1]) Dieser Widerspruch wird sich jedoch bei genauerer Betrachtung lösen (εὔδηλόν τε φανεῖται καὶ οὐκ ἄτοπα δόξει τὰ προειρημένα περὶ αὐτῶν 491 C). Je edler nämlich die Naturanlage, desto schlechter wird die Seele werden, wenn sie nicht die rechte Erziehung erhält (491 E): τὰς εὐφυεστάτας (ψυχάς) κακῆς παιδαγωγίας τυχούσας διαφερόντως κακὰς γίγνεσθαι. Grosse Schlechtigkeiten und Vergehen

---

[1]) M. vgl. Euthydem 279 A ff. Wie hier in der Politeia, so werden dort auch als Güter aufgezählt σωφροσύνη, δικαιοσύνη, ἀνδρεία; ferner Reichtum, Gesundheit, Schönheit, edle Geburt, Macht und Ehrenstellen. Dort hiess es, dass diese Güter nur dann gut und nützlich sind, wenn sie von der richtigen Einsicht benützt werden, wenn sie aber mit Unverstand (ἀμαθία) gebraucht werden, müssen sie zu um so grösseren Übeln werden (281 E).

werden nicht von schwächlichen Naturen begangen, sondern durch starke und frische, die aber durch schlechte Erziehung verdorben sind (491 E). Wenn also die philosophische Naturanlage nicht den passenden Unterricht und die richtige Pflege erhält, so wird sie ins Schlechte umschlagen; durch geeignete Erziehung dagegen wird diese' Anlage zur höchsten Vollkommenheit der Tugend gebracht werden können (492 A). Unpassende Erzieher sind die Sophisten,[1]) da sie nicht wissen was schön, hässlich, gut, schlecht, gerecht und ungerecht ist (493 B). Diese halten das Angenehme und Erfreuliche für gut,[2]) das Unangenehme für schlecht (493 C), das Notwendige für gerecht (493 C). Die grosse Menge kann die Idee des Schönen (αὐτὸ τὸ καλόν) nicht erfassen und glaubt auch nicht an deren Existenz; sie sieht eben nur die Erscheinungen des Schönen (τὰ πολλὰ καλά), und ist daher nie philosophisch (494 E f.). Die Philosophen werden deshalb von dieser Menge und jenen Laien (ὑπὸ ἰδιωτῶν), welche der Menge zu gefallen suchen, getadelt. Es kommt auch vor, dass einer, der die passenden Anlagen zur Philosophie hat, gerade deswegen von den Gegnern auf alle Weise von diesem Studium abwendig gemacht wird (494 E). Während so die besten Kräfte der Philosophie entzogen werden, kommen andererseits unwürdige und unberufene Leute, welche derselben nur Schimpf und Schande zufügen (495 C).[3]) Der wahren Jünger der Philosophie gibt es nur ganz wenige (496 B): Ein edler, wohlerzogener Charakter, der in der Verbannung lebt, widmet sich, da kein Verführer ihn abwendig macht, dauernd der Philosophie; oder eine grosse Seele, welche die kleinlichen Verhältnisse eines kleinen Staates gering achtet, gibt sich diesem Studium hin (496 B). Den Theages hält seine schwächliche Körperkonstitution an der Philosophie fest, den Sokrates aber das δαιμόνιον (496 C).

Von den bestehenden Verfassungen nun ist keine, welche der eben geschilderten Philosophennatur entsprechend wäre (ἀλλὰ τὴν προσήκουσαν αὐτῇ (τῇ φιλοσοφίᾳ) τίνα τῶν νῦν λέγεις πολιτειῶν; οὐδ᾽ ἡντιναοῦν 497 A). Das jetzige Geschlecht muss sich daher ändern und die beste Verfassung annehmen. Sokrates unternimmt es des-

---
[1]) M. vgl. Menon 91 C ff.: Πρωταγόρας δὲ ἄρα ὅλην τὴν Ἑλλάδα ἐλάνθανε διαφθείρων τοὺς συγγιγνομένους καὶ μοχθηροτέρους ἀποπέμπων κτλ.
[2]) M. vgl. Gorgias 495 D.
[3]) Siehe im Dialoge Euthydem die beiden Sophisten Euthydemos u Dionysodoros.

XLVIII

halb zu zeigen, dass die im Vorhergehenden geschilderte πολιτεία die beste sei (497 D).

In der frühesten Jugend soll man den Körper pflegen, um sich eine feste natürliche Stütze für die Philosophie zu schaffen. Im vorgerückteren Alter, wo der Geist sich zu vervollkommnen anfängt, soll man sich auf den Ringplätzen der Philosophie (γυμνάσια) thätig zeigen. Im Alter soll man sich ausschliesslich mit derselben beschäftigen, um glücklich zu leben und glückselig zu sterben (498 B, C). Die grosse Menge glaubt solche Reden nicht und hat auch nie derartige Männer an der Spitze der Staaten gesehen (498 D, E). Sie bekommen nie zu hören, dass man die Wahrheit zu erkennen trachten müsse, nur Streit- und Prunkreden werden ihnen vorgetragen (499 A). Trotz des geringen Entgegenkommens und Verständnisses der Menschen hat Sokrates, von der Wahrheit gezwungen, dennoch aussprechen zu müssen geglaubt, dass die Staaten und die Verfassungen nur dann vollkommen sein werden, wenn die wenigen tüchtigen, zwar jetzt noch verschrieenen Philosophen an der Spitze stehen oder die Söhne der Herrscher oder diese selbst von wahrer Liebe zur wahren Philosophie entflammt werden (499 B). Wenn jemals, sagt Sokrates, die tüchtigen Philosophen in einem Staate geherrscht haben oder gegenwärtig irgendwo herrschen oder vielleicht einmal herrschen werden, so kann die Verfassung keine andere gewesen sein, als die oben dargestellte (ἡ εἰρημένη πολιτεία 499 D).

Sokrates will nun, obwohl er die Schwierigkeit einer solchen *der Philosophie entsprechenden* Verfassung zugibt, dennoch deren Möglichkeit darthun (499 D): οὐ γὰρ ἀδύνατος γενέσθαι, οὐδ᾽ ἡμεῖς ἀδύνατα λέγομεν· χαλεπὰ δὲ καὶ παρ᾽ ἡμῶν ὁμολογεῖται. Die grosse Menge wird, wenn man ihr *den rechten Philosophen* zeigt, nicht einen solchen, wie ihn die Gegner der Philosophie zu schildern pflegen, wohl vielfach anderer Ansicht werden (500 A, B). Der echte Philosoph, der seinen Geist auf das Seiende gerichtet hält, hat keine Zeit, sich um das niedere Treiben der Menschen zu kümmern und mit ihnen sich herumzustreiten, sondern er betrachtet die vernünftigen (τὰ κατὰ λόγον ἔχοντα), schön geordneten (κόσμῳ πάντα) und ewig gleichen, unveränderlichen Dinge (τὰ κατὰ ταὐτὰ ἀεὶ ἔχοντα). Diese bewundert er und ahmt sie nach (500 C). Durch diese erhabene Beschäftigung wird er selbst notwendig ein harmonisch gebildeter und, so weit es eben Menschen möglich ist, gottähnlicher Mann (κόσμιός τε καὶ θεῖος εἰς τὸ δυνατὸν ἀνθρώπῳ γίγνεται

XLIX

(500 D). Ein solcher wird auch passend sein, einen Staat zur σωφροσύνη und δικαιοσύνη und zu jeder Bürgertugend heranzubilden, da er diese selbst besitzt.¹) Wenn das Volk diese Wahrheit begreift, dann wird es seinen Hass gegen die Philosophen aufgeben (500 D, E).

Welches ist denn nun eine solche philosophische Verfassung? (τίνα λέγεις τρόπον τῆς διαγραφῆς; 501 A) Die Philosophen würden nicht eher Gesetze geben, als bis der Staat, wie eine Tafel, rein und blank wäre (πρὶν ἢ παραλαβεῖν καθαρὰν ἢ αὐτοὶ ποιῆσαι 501 A). Dann erst werden sie einen Entwurf machen. Sie werden das naturgemäss Schöne, Besonnene und Gerechte, τὸ κατὰ φύσιν δίκαιον καὶ καλὸν καὶ σῶφρον als auch das in dem Menschen Liegende (τὸ ἐν τοῖς ἀνθρώποις), in der richtigen Weise mischen und das Männergleiche (τὸ ἀνδρείκελον) und das Gottähnliche (θεοειδές) darstellen, bis die menschlichen Sitten möglichst gottgefällig wären (501 B).

Die grosse Menge wird, wenn sie besonnen ist, das edle Streben und die Vortrefflichkeit der Philosophen nach diesen Darstellungen nicht mehr bestreiten (501 C ff.) und wird den obigen Satz zugeben, dass die Übel im Staate und in der Verfassung nicht eher aufhören werden, als bis die Philosophen den Staat regieren. Es mag im Laufe der Zeiten ein Fürstensohn eine philosophische Anlage haben. Diese ist zwar schwierig auszubilden, aber wenn dieser Fürst vollständig zum Philosophen herangezogen ist, so ist er allein hinreichend, die obigen Staatseinrichtungen bei einem gehorsamen Bürgertume einzuführen (502 C).

Welches soll nun der Bildungsgang eines solchen philosophischen Herrschers sein? (τίνα τρόπον ἡμῖν καὶ ἐκ τίνων μαθημάτων τε καὶ ἐπιτηδευμάτων οἱ σωτῆρες ἐνέσονται τῆς πολιτείας, καὶ κατὰ ποίας ἡλικίας ἕκαστοι ἑκάστων ἁπτόμενοι; 502 D). Welchen Wissenschaften und Beschäftigungen soll er sich widmen und in welchem Alter soll er alles das pflegen und üben?

Früher wurde schon hervorgehoben,²) dass die Herrscher vaterlandsliebend (φιλοπόλιδες), geprüft in Lust und Schmerz (βασανιζόμενοι) und standhaft sein müssen und rein wie geläutertes Gold (503 A). Jetzt wird die Behauptung gewagt, dass man die Philosophen als

---

¹) Vgl. Gorgias 527 D: ἀσκήσαντες (sc. ἀρετήν), τότε ἤδη, ἐὰν δοκῇ χρῆναι, ἐπιθησόμεθα τοῖς πολιτικοῖς.
²) Polit. III, 412 D u. 413 C.

4

die vorzüglichsten Wächter bestellen soll (ἀκριβεστάτους φύλακας 503 B). Es wird deren aber nur wenige geben; denn selten vereinigen sich in einem Menschen alle notwendigen Eigenschaften. Die Gelehrigen (εὐμαθεῖς), Gedächtnisreichen (μνήμονες), Geistesgegenwärtigen (ἀγχίνοι), Jugendlichfrischen (νεανικοί) und Hochherzigen (μεγαλοπρεπεῖς) handeln nicht immer in geordneter Ruhe und Festigkeit (μετὰ ἡσυχίας καὶ βεβαιότητος), sondern lassen sich von der Aufregung hinreissen (503 C). Man findet dagegen auch oft standhafte und furchtlose Charaktere, die aber im Lernen schwerfällig und schläfrig sind (503 D). Ein Herrscher soll aber alles dies in sich harmonisch vereinigen. In allen Verhältnissen und Lagen muss man den künftigen Herrscher üben und prüfen, in Anstrengung, Furcht und Lust, aber auch in den schwierigsten Wissenschaften (503 E).

Die höchste Wissenschaft ist *die Erkenntnis der Idee des Guten*, wodurch erst alle Handlungen nützlich werden (ἡ τοῦ ἀγαθοῦ ἰδέα μέγιστον μάθημα, ᾗ δίκαια καὶ τἆλλα προσχρησάμενα χρήσιμα καὶ ὠφέλιμα γίγνεται 505 A). Wenn uns diese Einsicht fehlt, so nützen uns alle anderen Kenntnisse nichts (εἰ ὅτι μάλιστα τἆλλα ἐπισταίμεθα, οἶσθ' ὅτι οὐδὲν ἡμῖν ὄφελος 505 A).[1]) Die grosse Menge hält das Angenehme für gut.[2]) Die feiner Gebildeten (κομψότεροι) erklären die Einsicht für das Gute,[3]) sie wissen aber nicht welche Einsicht, sondern werden immer auf lächerliche Weise (γελοίως) gezwungen zuzugeben, dass es *die Einsicht in das Gute ist* (505 B).[4]) Und auch wenn sie das zugegeben haben, die Erkenntnis des Guten, so ist

---

[1]) Vgl. Enthydem 289 A, wo der σοφία die gleiche Wirkung zugeschrieben wird (εἰ γὰρ μὴ καὶ χρῆσθαι ἐπιστησόμεθα τῷ χρυσίῳ, οὐδὲν ὄφελος αὐτὸ ἐφάνη ὄν.
[2]) Vgl. Protag. 354 C.
[3]) Stellvertretend für diese Richtung ist der Sophist Protagoras, der im gleichnamigen Dialoge eben diese Behauptung, dass ἐπιστήμη das Gute sei, annimmt (352 C): ἆρ' οὖν καὶ σοὶ τοιοῦτόν τι περὶ αὐτῆς δοκεῖ, ἢ καλόν τε εἶναι ἡ ἐπιστήμη καὶ οἷον ἄρχειν τοῦ ἀνθρώπου....; καὶ δοκεῖ· κτλ.
[4]) Beispiele hiefür zeigen uns die Dialoge Laches, Charmides und Euthyphron. Im Dialoge Laches wird Nicias gezwungen schliesslich zuzugeben, dass *ἀνδρεία* die Einsicht in das Gute ist (199 C). Im Charmides muss Kritias einräumen, dass σωφροσύνη die Kenntnis des Guten ist (174 B, D). Das Gleiche erfährt Euthyphron im gleichnamigen Dialoge. Diesen Gegenstand habe ich in meiner Dissertation genauer erörtert.

immer noch nicht klar, was sie mit dem „gut" meinen.[1]) Glaukon fordert den Sokrates auf, den Begriff des ἀγαθόν zu bestimmen (506 D). Dieser hält aber eine solche Auseinandersetzung für zu ausgedehnt (πλέον γάρ μοι φαίνεται) und will jetzt nur *eine Frucht des Guten* zeigen (ἔκγονος ἀγαθοῦ). Was das Gute selbst ist, will er an einem anderen Orte (εἰσαῦθις) darlegen. Früher schon wurde ein Unterschied gemacht zwischen den mannigfachen Erscheinungen des Schönen und Guten und der ewig einheitlichen nur mit dem Verstande zu erfassenden Idee (507 B) Sokrates vergleicht die Seele mit den Augen der Menschen. Die Augen sehen die Gegenstände deutlich, auf welche das Sonnenlicht fällt (508 D) und die Sonne selbst scheint in den Augen zu sein. Wenn die Seele auf das hinsieht, worauf die *Wahrheit* und das *Seiende* herniederstrahlt, dann bemerkt dieselbe das Seiende und scheint *Erkenntnis* (νοῦς) zu besitzen (508 D). Wenn sie dagegen auf das gerichtet ist, was mit Dunkelheit gemischt ist, auf *das Werdende und Vergehende*, dann wird sie statt Erkenntnis nur *Meinungen und Vorstellungen* haben. Einsicht und Wahrheit sind dem Guten ähnlich (ἀγαθοειδῆ), aber sie sind nicht das Gute selbst.[2]) Ebenso ist bei den Augen Licht und Sehkraft (φῶς τε καὶ ὄψις) sonnenähnlich (ἡλιοειδῆ), aber nicht die Sonne selbst (509 A). Noch über der ἐπιστήμη und ἀλήθεια steht an Schönheit erhaben *die Idee des Guten* (509 A).

Diese hohe Idee lässt sich mit der Sonne vergleichen: Die Sonne ist Ursache, dass die Dinge gesehen werden können, sie bewirkt ferner deren Entstehen, Wachstum und Ernährung (509 B). Ebenso gibt die Idee des Guten den Dingen die Möglichkeit erkannt zu werden, sie ist die Ursache von deren Sein und Wesen (509 B). Die Idee herrscht also über *das Reich des Denkbaren* (νοητὸν γένος), die Sonne über das des *Sichtbaren* (ὁρατόν). Wahrheit und Erkenntnis sind also die Wirkungen der Idee des Guten, sind die ἔκγονοι τοῦ ἀγαθοῦ.

Die Geometrie und Arithmetik (γεωμετρία und λογισμοί) beschäftigen sich mit dem Gebiete des *νοητόν* und gehen bei ihren auf-

---

[1]) Diese Situation ist im Gorgias und Euthydem erkennbar. Im Gorgias wird gezeigt, dass das Gute nicht im Angenehmen zu finden ist (496 A ff.). Im Euthydem erfahren wir, dass alles nur durch die σοφία gut wird (281 E).
[2]) Im Euthydem war σοφία, die Einsicht, das Gute genannt worden, durch welches etwas erst gut geworden ist (Euthyd. 281 E). Hier in der Politeia ist die Einsicht nicht das Gute selbst, sondern nur dem Guten ähnlich.

zufindenden Wahrheiten von nicht erst zu beweisenden (ὡς παντὶ φανερά) Grundsätzen (Axiomen, ὑποθέσεις) und Figuren (σχήματα) aus. Die konstruierten Figuren des Vierecks, der Linie, des Durchmessers etc. sind nicht wirklich existierende Dinge, sondern nur Abbilder derjenigen Dinge, die man bloss mit dem Verstande erkennen kann (510 D, E). In diesen beiden und den ihnen verwandten Künsten wird also das νοητόν mittelst Bildern erkannt (511 A). Es gibt aber auch eine absolute, freie Erkenntnis, die sich nicht auf Hypothesen und Bildern stützt, sondern die mit eigener Kraft das νοητόν selbst unmittelbar erfasst,[1]) das ist *die Dialektik*. Sie ist es, welche die ewigen Ideen selbst erschliesst (511 C): καὶ τελευτᾷ εἰς εἴδη. Die Erkenntnis aus Hypothesen, wie in der Geometrie und ähnlichen Künsten, ist eine διάνοια, welche in der Mitte zwischen νοῦς und δόξα steht. Es entwickeln sich demnach vier Erkenntnisarten folgendermassen (511 E):

Die Deutlichkeit dieser Arten richtet sich nach der in ihnen liegenden Wahrheit.

Übersicht.

Jm fünften Buche ist gefordert worden, dass die Philosophen herrschen sollen. Nun wird im sechsten zuerst ausgeführt, dass sie die geeigneten Personen sind. Denn sie besitzen die Erkenntnis der Wahrheit (485 B). Sie haben die Kraft des Verstandes, aus dem bunten Vielerlei der Dinge die Einheit der unveränderlichen Idee zu finden (486 E). Der Philosoph ist nicht bloss weise, er ist zugleich auch gerecht, tapfer und besonnen (487 A).

Die Anklagen und Vorurteile der Menschen gegen die Philosophen werden zurückgewiesen. Dass die Philosophen für den Staat unbrauchbar sind, ist ein unbegründetes Vorurteil der Menschen, das aus der Unkenntnis der philosophischen Bestrebungen und Grundsätze stammt (487—489). Wenn ferner manche, die sich der Philo-

---

[1]) 511 B: οὗ (τοῦ νοητοῦ) αὐτὸς ὁ λόγος ἅπτεται τῇ τοῦ διαλέγεσθαι δυνάμει.

sophie gewidmet haben, verdorbene Leute geworden sind, so trifft nicht die Philosophie der Vorwurf; denn das Streben nach Erkenntnis der Wahrheit kann solche Folgen nicht nach sich ziehen (489 E). Dass es dennoch schlechte Philosophen gibt, kommt daher, dass nicht jeder die nötige Befähigung hat (491 A f.) und mancher gut Begabte vielfach vom Philosophieren abgehalten wird. Es kommt daher alles auf *eine gute Erziehung* an. Unpassende Erzieher sind die Sophisten, die nur lehren, was der unphilosophischen Menge schmeichelt. Die echten Philosophen und Erzieher sind selten.

Sokrates will nun die Möglichkeit einer *philosophischen Staatsverfassung* zeigen. Die Philosophen sind infolge ihrer Erkenntnis der Wahrheit die geeignetsten Herrscher. Es handelt sich nun darum, *dieselben auszubilden*. Welches ist demnach der Erziehungsgang eines Philosophen? (502 D.)

Zuerst werden die Vorbedingungen dazu aufgestellt. Die zur Philosophie nötigen Anlagen werden vorausgesetzt (503 A f.). Die Ausbildung geschieht durch die Wissenschaften. Das Ziel der ganzen Bildung ist die Erlangung der höchsten Wissenschaft, der Erkenntnis der Idee des Guten (505 A). Diese Idee ist Ursache der Wahrheit und Einsicht, sie steht noch über der ἀλήθεια und ἐπιστήμη erhaben (509 A). Die Geometrie und Rechenkunst erkennen diese Idee mittelst Bildern oder auf Grund von Hypothesen, die Dialektik aber kann ohne alle Voraussetzungen die Idee selbst erfassen. Die Erkenntnis der Ideen kann demnach mehr oder minder deutlich sein. Es gibt daher auch verschiedene Grade und Arten der Einsicht. Wir haben also die Voraussetzungen zur philosophischen Ausbildung und das hohe Ziel, das zu erstreben ist, im Vorausgehenden kennen gelernt.

VII. Buch.

ur Erkenntnis der Ideen kann der Mensch erst durch Gewöhnung gebracht werden, wie man ja auch mit den Augen nicht ins volle Sonnenlicht blicken kann (συνηθείας δὴ, οἶμαι, δέοιτ' ἄν, εἰ μέλλοι τὰ ἄνω ὄψεσθαι 516 A). Die Gewöhnung an das Licht geschieht bei den Augen am leichtesten in der Weise, dass man vom Dunkleren zum Helleren fortschreitet, indem man vorerst nur die Schatten der Dinge schaut, dann deren Bilder im Wasserspiegel, hierauf die sinnlichen Dinge selbst; sodann wird übergegangen zur Betrachtung des gestirnten Himmels, des Mond- und Sternenlichtes und schliesslich zum Glanze des Sonnenlichtes[1]) (516 A, B), welches die Ursache aller jener Dinge ist, die man vorher auf niederen Stufen als Schatten, Spiegelbilder, als feste

---

[1]) Im Anfange des VII. Buches führt uns Platon ein Bild vor, wodurch er den allmählichen Fortschritt der Erkenntnis von der niedersten bis zur höchsten Stufe veranschaulicht.

In einer grossen unterirdischen Höhle leben Menschen. Diese Höhle ist nach dem Lichte zu geöffnet. An diesem Orte leben die Menschen von Kindheit an, in einer Stellung jedoch, dass sie dem einfallenden Lichte den Rücken kehren (φῶς δὲ ... ὄπισθεν αὐτῶν 514 B). Sie sehen nur vor sich hin und können nicht nach dem von rückwärts herkommenden Lichte umschauen (εἴς τε τὸ πρόσθεν μόνον ὁρᾶν 514 B). Zwischen diesen Menschen nun und dem fernher leuchtenden Feuer ist ein Weg, der aussen an der ganzen Öffnung der Höhle vorbeiführt. Diesen Weg entlang ist eine kleine Mauer so errichtet, dass sie zwischen Höhle und Weg zu stehen kommt. Wenn nun auf diesem Wege Leute hinwandern und Geräte oder Bilder tragen, so werfen diese Leute und die vorbeigetragenen Gegenstände ihre Schatten hinein in die Höhle und zwar an die Wand, welche die Menschen vor sich haben. Die rückwärts sitzenden Höhlenbewohner sehen dann natürlich diese Schattenbilder vor sich, bezeichnen sie mit Namen und reden darüber (515 B); sie halten diese Schatten für Wahrheit (515 C). Würde nun einmal einer der Höhlenbewohner aus seiner Stellung gebracht und nach dem einfallenden Lichte und nach den an jener Mauer Vorbeigehenden hingewendet, so würde er anfangs geblendet sein, infolge dessen weniger sehen wie zuvor und sich gerne nach seinen Schattenbildern wieder umkehren (ἀλγεῖν τε ἄν τὰ ὄμματα καὶ φεύγειν ἀποστρεφόμενον πρὸς ἐκεῖνα, ἃ δύναται καθορᾶν 515 E). Er muss also, wenn er zum Lichte empor geführt werden soll, allmählich daran gewöhnt werden (συνηθείας δὴ, οἶμαι, δέοιτ' ἄν 516 A).

Körper und leuchtende Sterne gesehen hatte (ἐκείνων τρόπον τινὰ πάντων αἴτιος 516 C). Ebenso kann man auch erst allmählich zur Kenntnis der Idee des Guten gelangen, welche die Ursache alles Wahren und Schönen ist und Vernunft und Wahrheit erzeugt (ἀλήθειαν καὶ νοῦν παρασχομένη 517 C). Die übrigen Tugenden der Seele mögen denen des Körpers in gewisser Beziehung nahe verwandt sein (ἐγγύς τι εἶναι τῶν τοῦ σώματος 518 D). Sie können nämlich auch durch Gewöhnung und Übung gewonnen werden (ἐμποιεῖσθαι ἔθεσί τε καὶ ἀσκήσεσιν). Die Tugend der Einsicht aber (ἡ δὲ τοῦ φρονῆσαι) hat eine göttlichere Natur, die zwar ihre Kraft nicht verliert, aber durch die unrichtige Behandlung nutzlos und schädlich werden kann (518 E). Man sieht ja oft, dass manche, die schlecht aber einsichtsvoll sind, mit der grössten Spitzfindigkeit und dem feinsten Scharfsinne ihre schlechten Ziele verfolgen. Die Wirkung dabei ist immer, dass je scharfsichtiger einer ist, desto mehr Übel angerichtet werden (519 A). Es kommt also auf die Erziehung alles an (519 A, B).

Diejenigen nun, die keine Bildung genossen und die Wahrheit nicht kennen gelernt haben (ἀπαίδευτοί καὶ ἀληθείας ἄπειροι), eignen sich nicht zur Verwaltung des Staates, noch auch die, welche sich ganz ausschliesslich (διὰ τέλους) mit der Bildung und Wissenschaft beschäftigen (519 B, C). Denn die ersteren handeln ohne Plan und Ziel (σκοπὸν ἐν τῷ βίῳ οὐκ ἔχουσιν ἕνα 519 C), die anderen werden dieses Geschäft nicht freiwillig übernehmen, weil sie gleichsam dieser Welt entrückt, auf den Inseln der Seligen zu leben glauben.

Die trefflichen Naturen muss man in jene Wissenschaften einführen, in welcher sie bis zur höchsten Einsicht emporsteigen (πρὸς τὸ μάθημα ... μέγιστον, ἰδεῖν τε τὸ ἀγαθὸν καὶ ἀναβῆναι ἐκείνην τὴν ἀνάβασιν 519 D). Hier in dieser übersinnlichen Höhe der Wissenschaft sollen sie aber nicht verweilen, sondern wieder herniedersteigen zu den gewöhnlichen Menschen und mit diesen die Mühen und Ehren teilen (519 D, 520 C).

Wie und mit welcher Wissenschaft führt man nun die Menschen zur Erkenntnis der Ideen empor, zu jener wahren Philosophie des Seienden? (521 C, D).[1]

---

[1] Susemihl a. a. O. II. p. 202: „Wie zur Veranschaulichung der besonderen Lehrstufen, so benützt Plato zweitens das Gleichnis (der Höhlenbewohner) auch zu der der allgemeinen Lehrmethode, wie er sie im Gegensatze gegen die

Nicht mit der Gymnastik erreicht man dieses Ziel, diese befördert ja nur das Wohlsein und die Kraft des Körpers (521 E); auch nicht die musikalische Erziehung ist hinreichend, denn diese erzeugt nicht Einsicht, sondern nur innere Ordnung und Harmonie (522 A). Noch weniger leistet dies eine gewerbliche τέχνη. Der philosophische Lehrkursus ist strenge Wissenschaft. Gymnastik und Musik gehören einer niederen Stufe der Ausbildung an. Sokrates setzt ein bildendes Element, das allen Künsten und Erkenntnissen gemeinsam ist, nämlich *die Zahl und das Rechnen* (ἀριθμόν τε καὶ λογισμόν 522 C). Es gibt Dinge, die man mit den Sinnen (αἰσθήσεις) allein unterscheiden und wahrnehmen kann; ausserdem aber auch solche, zu deren richtiger Erfassung man den Verstand und die Berechnung zu Hilfe nehmen muss (523 A, B). Man sieht z. B. unmittelbar, ob etwas *ein Finger* ist oder nicht, dazu ist unsere Überlegung (νόησις) nicht anzurufen (523 D). Was dagegen *gross* und *klein, leicht* oder *schwer, rauh* oder *weich* ist, dazu braucht man eine Untersuchung (αὗταί γε ἄτοποι τῇ ψυχῇ αἱ ἑρμηνεῖαι καὶ ἐπισκέψεως δεόμεναι 524 B). In solchen Fällen wendet sich die Seele an den Verstand und die Berechnung (λογισμόν τε καὶ νόησιν). Wenn nämlich mit dem Erscheinen eines Dinges zugleich ein gewisser Gegensatz davon auftritt (εἰ δ' ἀεί τι αὐτῷ ἅμα ὁρᾶται ἐναντίωμα), dann ist eine Entscheidung des Verstandes nötig darüber, was *das Eine* eigentlich ist (τί ποτ' ἐστὶν αὐτὸ τὸ ἕν 524 E), das der Mehrheit der Dinge gleichmässig innewohnende einheitliche Wesen. Diese Forschung über das *Eins* führt zur Anschauung des Seienden (ἐπὶ τὴν τοῦ ὄντος θέαν 525 A). Nicht allein die Betrachtung verschiedener und entgegengesetzter Dinge, sondern auch der nämlichen Dinge, die unter sich unterschiedlos und gleich sind, führt zur Erkenntnis der Ideen, denn wir sehen das Nämliche, d. h. das allen gemeinschaftliche und gleiche Wesen zugleich als Einheit und als unendliche Vielheit (ὡς ἕν τε ὁρῶμεν καὶ ὡς ἄπειρα τὸ πλῆθος). Vernunft und Rechnung führen also zur Wahrheit (ταῦτα δέ γε φαίνεται ἀγωγὰ πρὸς ἀλήθειαν).

---

sophistische schon in den vorbereitenden Dialogen und noch im Theaetetos dargelegt hat."

Am nämlichen Orte heisst es weiter: „Entwicklung der in der Seele bereits schlummernden Erkenntniskeime von innen heraus, ein Umlenken der ganzen Seele vom Sinnlichen zum Idealen."

Das *Rechnen* (λογισμοί) gehört also zu den gesuchten Wissenschaften (ὧν ζητοῦμεν ἄρα μαθημάτων ἄν εἴη 525 B). Der Krieger braucht das Rechnen bei der Heeresaufstellung (διὰ τὰς τάξεις), der Philosoph dazu, um aus dem vielgestaltigen Werden der Dinge zur Wesenheit der Ideen empor zu steigen (525 B). Eine solche Wissenschaft ist zur Erziehung des Philosophen nötig, weil sie die Seele zwingt zum Gebrauche des Verstandes, zur Auffindung der Wahrheit. Diese Thätigkeit stählt die Kräfte des Geistes (526 B).

Die Geometrie soll den zweiten Unterrichtsgegenstand bilden. Diese Kunst bringt Vorteil im Kriege. Man braucht sie beim Lagerschlagen, beim Besetzen von Plätzen, beim Zusammenziehen und Ausdehnen des Heeres. Soll aber die Geometrie nicht bloss dem Krieger, sondern auch dem Philosophen Vorteil bringen, so muss sie eine höhere, gesteigertere Geistesthätigkeit beanspruchen, sie muss zum Reiche der Ideen hinauf führen, zur Erkenntnis des absoluten Guten (526 E).[1]) Nicht des Geschäftes und des äusseren Vorteiles halber ist sie zu pflegen, sondern der Geistesentwicklung wegen, zur Förderung des philosophischen Denkens.

Als dritte Wissenschaft wird *die Astronomie* angeraten (527 D). Sie ist die Kenntnis der Jahreszeiten, Monate und Jahre und nützt in dieser niederen Form des Wissens nicht bloss dem Ackerbau und der Schiffahrt, sondern auch der Heerführung (527 D). Wird sie aber wissenschaftlich getrieben, so wird durch sie ein gewisses Werkzeug der Seele (ὄργανόν τι ψυχῆς) rein und frisch erhalten, das unter den anderen gewöhnlichen Beschäftigungen verloren gegangen und blind geworden wäre, ein Werkzeug, das mehr wert ist als tausend Augen (527 D, E); denn mit diesem allein sieht man die Wahrheit. Zwischen Geometrie und Astronomie sollte eigentlich jener Teil der mathematischen Wissenschaften eingereiht werden, welcher die dritte Dimension, die Tiefe, behandelt, d. h. die Stereometrie. Diese wird aber übergangen als nicht hierher passend (ὅτι τῇ ζητήσει γελοίως ἔχει 528 D). Demnach ist die Astronomie in der Mathematik das vierte Fach. Die Astronomie darf nun nicht dabei stehen bleiben, dass sie die mannigfachen Bilder des Himmels bewundert und für das Schönste und Vollkommenste in seiner Art

---

[1]) Polit. 527 B: τοῦ γὰρ ἀεὶ ὄντος ἡ γεωμετρικὴ γνῶσίς ἐστιν· ὁλκὸν ἄρα ψυχῆς πρὸς ἀλήθειαν εἴη ἄν καὶ ἀπεργαστικὸν φιλοσόφου διανοίας...

hält, sie soll sich nicht mit dieser sinnlich-ästhetischen Betrachtung begnügen, sondern vielmehr durch mathematische Forschung die Gestalt und Bewegung der Gestirne zahlenmässig festsetzen. Nicht bloss mit den Augen, sondern mit Vernunft und Verstand soll man diese Wissenschaft üben (529 D), dann fördert sie den philosophischen Entwicklungsgang. Die sichtbaren Bilder sind nur Beispiele, an denen die astronomische Forschung die grossen Gesetze schaut und prüft.[1]) Die Erscheinungen an sich sind also nicht Gegenstand der Untersuchung, sondern deren oberste Ursache. Die Methode, mit welcher man die höchsten Prinzipien findet, ist die Dialektik.[2]) Diese führt uns von den Schatten zu den Abbildern und zum Lichte, d. h. von der dunklen, unterirdischen Höhle zum glänzenden Sonnenlichte, zur Anschauung des Seienden, zur obersten aller Ideen (πρὸς τὴν τοῦ ἀρίστου ἐν τοῖς οὖσι θέαν 532 C). Die Dialektik gründet sich nicht auf Voraussetzungen (ὑποθέσεις) wie die anderen Künste, sondern geht über diese hinaus zum Urquell der Dinge selbst (ἐπ' αὐτὴν τὴν ἀρχήν 533 C). Dabei bedient sie sich der übrigen Wissenschaften, die zwar ἐπιστῆμαι genannt werden, aber diesen Namen nicht verdienen, weil sie wie früher[3]) hervorgehoben, zwischen δόξα und ἐπιστήμη stehen, sie müssen vielmehr διάνοιαι genannt werden (533 D). Die Dialektik dagegen sucht das Wesen (οὐσία) auf und ist im eigentlichen Sinne ἐπιστήμη zu nennen. Sie soll allen Wissenschaften wie ein Kranzgesimse[4]) den passenden Abschluss verleihen. Wie und an wen sind diese genannten Wissenschaften zu verteilen (τίσι ταῦτα τὰ μαθήματα δώσομεν καὶ τίνα τρόπον? 535 A).

Die Herrscher müssen eine philosophische Erziehung erhalten.

Wie früher[5]) schon auseinander gesetzt, sollen dazu die Tüchtigsten, Standhaftesten und Wohlgestaltetsten genommen werden. Sie sollen ausserdem edlen und mannhaften Charakter haben (γενναίους τε καὶ βλοσυροὺς τὰ ἤθη). Sie sollen die für die philosophische Erziehung entsprechenden geistigen Anlagen besitzen,[6]) Scharfsinn und

---
[1]) Polit. 529 D: παραδείγμασι χρηστέον τῆς πρὸς ἐκεῖνα μαθήσεως ἕνεκα.
[2]) Polit. 532 B: οὐ διαλεκτικὴν ταύτην τὴν πορείαν καλεῖς;
[3]) Vgl. Polit. VI, 511 D: ὡς μεταξύ τι δόξης τε καὶ νοῦ τὴν διάνοιαν οὖσαν.
[4]) Polit. 534 E: ὥσπερ θριγκὸς τοῖς μαθήμασιν ἡ διαλεκτικὴ ἡμῖν ἐπάνω κεῖσθαι, καὶ οὐκέτ' ἄλλο τούτου μάθημα ἀνωτέρω ὀρθῶς ἂν ἐπιτίθεσθαι, ἀλλ' ἔχειν ἤδη τέλος τὰ τῶν μαθημάτων.
[5]) Vgl. Polit. III, 412 C: φυλάκων αὐτοὺς ἀρίστους δεῖ εἶναι κτλ.
[6]) Vgl. Polit. IV, 428 B f., wo die σοφία als Tugend des Herrscherstandes gefordert wird.

Gelehrigkeit, Gedächtniskraft und unermüdliche Arbeitslust (μνήμονα, ἄρρωτον, φιλόπονον 535 B). Wenn aber Unberufene sich der Philosophie widmen, so bringen sie, wie oben schon hervorgehoben, derselben Missachtung und Schande (535 C). Während man die Herrscher zur Philosophie erzieht, damit sie die ihnen notwendige σοφία erlangen, sollen die übrigen φύλακες gleichmässig zur σωφροσύνη und ἀνδρεία und jeder anderen Tugend geführt werden. Sokrates weist darauf hin, dass er bei der ersten Auslese [1]) der Herrscher die älteren genommen habe, jetzt aber die jüngeren zu Herrschern heranbilden wolle (536 C). Dies entschuldigt er damit, dass man dem Solon nicht glauben könne, es werde im Alter noch viel gelernt; die Mühen seien vielmehr Sache der Jugend. Früher im dritten Buche (412 C) konnten deshalb die älteren als Herrscher aufgestellt werden, weil alle φύλακες den nämlichen Bildungsgang durchgemacht hatten. Es werden in diesem Falle die ältesten natürlicherweise die Bildung sich vollständiger und vollkommener angeeignet haben als die jüngeren; doch wurde damals schon hinzugefügt, dass von den älteren die tüchtigsten genommen werden sollten. Im vierten Buche wurde nun die σοφία als Tugend der Herrscher bezeichnet. In der weiteren Entwicklung des fünften Buches wurde die Forderung gestellt, dass die Herrscher Philosophen seien (473 D). Diese müssen daher auch zur Philosophie *erzogen* werden; diese Erziehung geschieht aber durch die Wissenschaften, diese werden leichter von Jugend auf betrieben, als wenn man schon alt geworden ist. Die Alten können nicht erst anfangen das Rechnen, die Geometrie, Astronomie und Dialektik zu lernen. Dies ist der Gedanke, der den Plato zu der obigen umgewandelten Behauptung veranlasst hat. [2])

Der Erziehungsgang zum Philosophen wird nun näher dargelegt: In der Jugend muss man Rechnen, Geometrie und alle zur Dialektik vorbereitenden Unterrichtsfächer pflegen. Dieser Unterricht darf jedoch nicht mit Gewalt geschehen, sondern spielend, damit man leichter bemerkt, wozu sich jeder besonders eignet (ἐφ' ὃ ἕκαστος

---

[1]) Vgl. Polit. III, 412 C: ὅτι μὲν πρεσβυτέρους τοὺς ἄρχοντας δεῖ εἶναι, νεωτέρους δὲ τοὺς ἀρχομένους...

[2]) Etwas undeutlich drückt sich hier Susemihl aus, a. a. O. II, p. 212: „Die frühere Bestimmung, dass zu Herrschern Bejahrtere aus den übrigen Wächtern ausgesondert werden sollen, wird jetzt näher dahin berichtigt, dass dies nur von dem eigentlichen Herrscherkollegium, von der höchsten Staatsbehörde gilt."

πέφυκεν 536 E). Auch in den Krieg muss man die Knaben mitnehmen (537 A) als Zuschauer, wie schon oben (V, 466 D ff.) vorgeschrieben war. Wer von diesen in allen Strapazen, Wissenschaften und Schrecknissen die grösste Energie an den Tag legt, soll besonders aufgezeichnet und ausgeschieden werden (εἰς ἀριϑμόν τινα ἐγκριτέον). Eine weitere Auslese der Tüchtigsten soll geschehen, wenn sie aus den Gymnasien entlassen werden (537 B). Nach dieser Zeit, vom zwanzigsten Lebensjahre an, sollen die Hervorragenden, die Auserlesenen (προκριϑέντες), grössere Ehren erhalten als die anderen. Diese sollen auch von da an die in der Knabenzeit durcheinander (χύδην) gelernten Wissenschaften in ihrem wesentlichen inneren Zusammenhange kennen lernen und die Natur des Seienden zu erfassen suchen (537 C). Denn diese Art des Studiums (ἡ τοιαύτη μάϑησις) gibt ein festes Wissen und ist die beste Probe für eine dialektische Naturanlage. Vom dreissigsten Jahre an müssen daraus wieder diejenigen ausgelesen werden, die sich am meisten bewährt und ausgezeichnet haben. Diese müssen zu noch höheren Ehren erhoben werden und mit eingehender, strenger Dialektik geprüft werden, ob sie fähig sind, die Wahrheit und die Ideen aufzufinden, ohne sich von den Augen und den anderen Sinnen beirren zu lassen. Weil sie jedoch nicht immer mit der Dialektik sich befassen sollen, kehren sie wieder zu den gymnastischen Übungen zurück auf fünf Jahre (539 D, E). Sie begeben sich wieder hinunter in jene dunkle Höhle (εἰς τὸ σπήλαιον πάλιν ἐκεῖνο) und bekleiden Ämter im Staate, damit sie auch an praktischer Erfahrung nicht zurückstehen (ἵνα μηδ' ἐμπειρίᾳ ὑστερῶσι τῶν ἄλλων 539 E). Hier im Getriebe des Lebens sollen sie ihre Festigkeit erproben und zwar fünfzehn Jahre lang (539 E f.).

Mit fünfzig Jahren sollen diejenigen, welche sich noch rüstig erhalten und ausgezeichnet haben in That und Wissenschaft endlich die Idee des Guten, jenes alles erhellende Licht voll und ganz zu sehen trachten (εἰς αὐτὸ ἀποβλέψαι τὸ πᾶσι φῶς παρέχον 550 A). Mit diesem idealen Musterbilde in der Seele (παραδείγματι χρωμένους ἐκείνῳ) werden sie ordnend und bildend auf den Staat, auf den einzelnen Bürger des Staates und auf sich selbst einwirken. Sie sollen sich hauptsächlich mit der Philosophie beschäftigen und wenn es not thut, auch politische Ämter bekleiden. Durch ihren bildenden Einfluss werden sie auch andere zu tüchtigen Männern erziehen und treffliche Wächter des Staates heranbilden (540 B). Man wird diesen Trefflichen, wenn es die Pythia gestattet, Denkmäler setzen und

Opfer bringen wie den Dämonen und Göttern. *Das ist das herrliche
Bild des vollendeten Herrschers* (παγκάλους, ἔφη τοὺς ἄρχοντας,
ὦ Σώκρατες, ὥσπερ ἀνδριαντοποιὸς ἀπείργασαι 540 C). Dasselbe gilt
auch von den Frauen, von denen oben gesagt ist, dass sie gemäss
ihrer natürlichen Anlage die gleichen Geschäfte wie die Männer im
Staate ausführen können (540 C). Die oben aufgestellte Verfassung
ist zwar schwer, aber doch irgendwie möglich. Wenn nämlich die
wahren Philosophen herrschen, einer oder mehrere, so werden sie
ohne alle Nebenrücksichten die Gerechtigkeit auf alle Weise fördern
und zur Geltung bringen (540 E). Da der beste Staat auf die
Gerechtigkeit gegründet ist, so ist derselbe eben nur dann möglich,
wenn der gerechteste und einsichtsvollste Herrscher, der Philosoph,
denselben regiert.

Übersicht.

Im sechsten Buche ist der Erziehungsplan zur Philosophie
nur allgemein so angegeben, dass zur Philosophie gewisse
natürliche Anlagen vorausgesetzt werden, dass streng wissenschaftliche
Fächer den Geist bilden müssen, dass endlich das Ziel dieser Ausbildung die Erkenntnis der Idee des Guten ist.

Im siebenten Buche wird nun behauptet, dass diese Geistesentwicklung nur allmälich vor sich gehen soll, indem man vom Leichteren
zum Schwierigeren und Vollkommeneren aufsteigt. Unterrichtsfächer
sind das Rechnen, die Geometrie, Astronomie und die Dialektik,
welch' letztere zugleich die Methode für die Behandlung der anderen
Lehrfächer sein soll. Diese Fächer eignen sich deshalb zur philosophischen Erziehung, weil sie den Geist anleiten, aus der Vielheit
der Erscheinung das Eine, das gemeinsame Wesen der Dinge zu
erfassen und so philosophisch zu denken. Die mathematischen
Wissenschaften lehren uns nur auf Grund von Hypothesen oder
Bildern die Ideen kennen, die Dialektik dagegen, das höchste der
Unterrichtsfächer, zeigt uns dieselben unmittelbar ohne Voraussetzungen. Die Dialektik erzeugt allein ἐπιστήμη, die anderen Fächer
einen etwas geringeren Grad der Erkenntnis, die διάνοια (533 D).

Mit dieser Auseinandersetzung ist die erste jener beiden im
sechsten Buche (502 D) vorgebrachten Fragen gelöst. Dort hiess es
1. τίνα τρόπον ἡμῖν καὶ ἐκ τίνων μαθημάτων καὶ ἐπιτηδευμάτων οἱ
σωτῆρες ἐνέσονται τῆς πολιτείας. Es ist gezeigt, welche Wissenschaften

gepflegt werden sollen und auf welche Weise sie fruchtbringend zu machen sind. Nun wird die zweite Frage behandelt, welche für die verschiedenen Altersstufen einen Bildungsmodus fordert: 2. καὶ κατὰ ποίας ἡλικίας ἕκαστοι ἑκάστων ἁπτόμενοι;
Die Knaben lernen mehr spielend als streng wissenschaftlich das Rechnen und die Geometrie, Astronomie und werden zur Dialektik vorbereitet. Die tüchtigsten von diesen sollen ausgelesen werden. Wenn die Jünglinge die Gymnasien verlassen, sollen sie wieder nach ihrer Vortrefflichkeit ausgeschieden werden. Mit dem zwanzigsten Lebensjahre beginnt das ernste wissenschaftliche Studium. Mit dem dreissigsten Lebensjahre wird nochmals eine Auswahl der Besten getroffen. Diese kehren auf fünf Jahre wieder zu gymnastischen Übungen zurück. Vom fünfunddreissigsten Lebensjahre an sollen sie fünfzehn Jahre lang Staatsämter bekleiden, um sich Erfahrung zu sammeln. Mit dem fünfzigsten Jahre widmen sie sich der höchsten Stufe der Philosophie und üben einen bildenden und erziehenden Einfluss im Staate aus, um wieder tüchtige Herrscher heranzubilden. Das war der Lehr- und Bildungsgang des vollkommenen Herrschers.

VIII. Buch.

Der vollkommene Staat soll die Weiber- und Kindergemeinschaft eingeführt haben, infolge dessen auch gemeinsame Erziehung und die gleiche Anteilnahme an den Kriegs- und Friedensbeschäftigungen. Herrschen sollen diejenigen, welche sich in der Philosophie und im Kriege ausgezeichnet haben (τοὺς ἐν φιλοσοφίᾳ τε καὶ πρὸς τὸν πόλεμον γεγονότας ἀρίστους 543 A). Die φύλακες sollen zusammenwohnen ohne eigenen Besitz. Für ihren Dienst sollen sie Lohn erhalten auf ein Jahr von den anderen Staatsangehörigen, damit sie für nichts anderes zu sorgen brauchen als für den Staat (543 C). Sokrates knüpft nach dieser Rekapitulation des fünften, sechsten und siebenten Buches wieder an den Schluss des vierten an, wo er durch das Dazwischentreten des Polemarchos von der Aufzählung und Beurteilung der einzelnen, verfehlten Staatsverfassungen abgehalten und vielmehr auf das Thema der Weiber- und Kindergemeinschaft gebracht wurde. (Ἀλλ' ἄγε, ἐπειδὴ τοῦτ' ἀπετελέσαμεν ἀναμνησθῶμεν, πόθεν δεῦρο ἐξετραπόμεθα, ἵνα πάλιν τὴν αὐτὴν ἴωμεν 543 C). Am Schlusse des vierten Buches ist gesagt (445 D), dass es fünf Arten von Staatsverfassungen gebe und eben so viele Seelenarten (πέντε μὲν πολιτειῶν, πέντε δὲ ψυχῆς. Die erste und beste dieser Verfassungen ist βασιλεία und ἀριστοκρατεία, die Plato zu einer Verfassungsform zusammengefasst haben will (ἓν εἶδος λέγω 445 D), denn sowohl das Königtum als auch die Aristokratie herrschen nach den nämlichen Grundsätzen. Die übrigen vier Arten, die am Schlusse des vierten Buches noch nicht genannt sind, heissen schlechte und verfehlte Verfassungen (κακὰς δὲ τὰς ἄλλας καὶ ἡμαρτημένας 449 A). Dass βασιλεία und ἀριστοκρατεία die beste Verfassungsform ist, hat Plato im fünften, sechsten und siebenten Buche nachzuweisen gesucht. Im vierten Buche wurde die σοφία als die Tugend der Herrscher bezeichnet, im fünften wird gefordert, dass die Herrscher Philosophen sein müssen, denn sie sollen von der Gerechtigkeit nicht bloss eine δόξα, sondern vielmehr eine ἐπιστήμη besitzen. Die Notwendigkeit, die natürlichen Vorbedingungen und das Ziel der philosophischen Erziehung ist im sechsten Buche näher dargelegt. Im siebenten endlich ist ein ausführlicher Lehr- und Erziehungsplan entworfen. Der beste Herrscher und die beste Staatsverfassung ist uns in den drei Büchern vorgeführt worden.

Dass dies wirklich der Zweck dieser drei Bücher war, sehen wir unter anderen aus folgenden Stellen des Werkes:

VII, 540: παγκάλους, ἔφη, τοὺς ἄρχοντας, ὦ Σώκρατες, ὥσπερ ἀνδριαντοποιὸς ἀπείργασαι.

VI, 499 D: περὶ τούτου ἕτοιμοι τῷ λόγῳ διαμάχεσθαι, ὡς γέγονεν ἡ εἰρημένη πολιτεία καὶ ἔστι καὶ γενήσεται.... οὐ γὰρ ἀδύνατος γενέσθαι.

VI, 497 C: εἰ δὲ λήψεται τὴν ἀρίστην πολιτείαν κτλ.

Königtum also und Aristokratie sind die beste Staatsverfassung, wie wir aus dem fünften, sechsten und siebenten Buche kennen gelernt haben. Es sollen nun die vier übrigen schlechten Verfassungen betrachtet werden. [1]) Ihre Fehler wollen wir aufsuchen und zugleich den einzelnen Menschen mit jeder derselben vergleichen, um zu erfahren, ob der Tüchtigste am glücklichsten ist und der Schlechteste am elendesten oder nicht (544 A). Dieser Nachweis würde sich an die Behauptungen des Thrasymachus im ersten Buche anschliessen.

Die vier Arten der Staatsverfassungen sind nun: 1. Die kretische oder lakonische, 2. die oligarchische, 3. die Demokratie und 4. die Tyrannis. Die mannigfaltig modifizierten Verfassungen der Barbaren und anderer Hellenen sollen nicht berücksichtigt sein (544 C). Es gibt aber auch eben so viele Arten von Menschen oder der menschlichen Seele. Schon im vierten Buche ist auf die parallele Behandlung des Menschen und des Staates hingewiesen: καὶ τάχ᾽ ἄν παρ᾽ ἄλληλα σκοποῦντες (τὸν ἕνα καὶ τὴν πόλιν) (435 A). Καὶ δίκαιος ἀνὴρ δικαίας πόλεως... οὐδὲν διοίσει, ἀλλ᾽ ὅμοιος ἔσται (435 B). So gleicht z. B. der wahrhaft gute und gerechte Mensch der Aristokratie, die schon in den vorausgehenden Büchern ausführlich geschildert ist. Der Streitsüchtige und Ehrgeizige aber (φιλόνεικός τε καὶ φιλότιμος) ist der lakonischen Verfassung vergleichbar, welche eine τιμοκρατία oder τιμαρχία zu nennen ist (545 B).

Es wird nun zunächst untersucht, wie aus der besten Staatsform der Aristokratie die schlechtere Timokratie hervorgeht (545 C).

---

[1]) Polit. VIII 544 A wird mit Bezug auf den Schluss des vierten Buches gesagt: καὶ ἐμοῦ ἐρομένου, τίνας λέγοις τὰς τέτταρας πολιτείας ἐν τούτῳ ὑπέλαβε Πολέμαρχός τε καὶ Ἀδείμαντος, καὶ οὕτω δὴ σὺ ἀναλαβὼν τὸν λόγον δεῦρ᾽ ἀφῖξαι. Πάλιν τοίνυν... καὶ τὸ αὐτὸ ἐμοῦ ἐρομένου πειρῶ εἰπεῖν, ἅπερ τότε ἔμελλες λέγειν (544 B).

Es wird hiemit die genaue Kenntnis der besten πολιτεία als bekannt vorausgesetzt. Jede Verfassungsänderung, so wird begonnen, geht aus von den Herrschern (πᾶσα πολιτεία μεταβάλλει ἐξ αὐτοῦ τοῦ ἔχοντος τὰς ἀρχάς 545 D). Wenn nämlich unter diesen selbst Zwietracht entsteht, so geraten die bestehenden Verhältnisse in Schwanken. So lange sie aber einig sind, ist keine Veränderung möglich (545 D). Wie entsteht nun Zwietracht unter den Herrschern und wie geht die Verfassungsänderung vor sich? (545 D.) Folgendermassen würden die Musen antworten, wenn wir sie wie Homer anrufen würden[1]) (545 D): Man sollte zwar nicht erwarten, dass die oben beschriebene beste Verfassung ins Schlechtere sich verkehren könne; aber es unterliegt auch diese Schöpfung dem zeitlichen Geschicke, indem alles vergeht (γενομένῳ παντὶ φθορά ἐστιν), und mit der Zeit sich auflöst (οὐδ᾽ ἡ τοιαύτη ξύστασις[2]) τὸν ἅπαντα μενεῖ χρόνον, ἀλλὰ λυθήσεται 546 A). Diese Stelle hier ist von entscheidender Wichtigkeit für die ganze Komposition der Politeia. Hier sehen wir ein, dass die Darstellung der besten Staatsverfassung im fünften, sechsten und siebenten Buche notwendig vorher ausführlich erörtert sein musste, bevor eine Darstellung der verfehlten Arten gegeben werden konnte. Erst wenn man die vollkommene Verfassung kennt, kann man die Abweichungen und Fehler der schlechteren einsehen und bezeichnen.

Eine Änderung der besten Verfassung wird eintreten, wenn die Herrscher jene geometrische Zahl oder Formel[3]) nicht kennen, wornach sich die im Laufe der Zeiten eintretende Verbesserung oder Verschlechterung der Welt berechnen lässt. Es werden infolge dessen unpassende, unzeitgemässe (παρὰ καιρόν) eheliche Verbindungen geschlossen, wodurch schlechter geartete Kinder in den Staat kommen.[4])

---

[1]) Susemihl a. a. O. II, p. 216: „Dass hier keine rein wissenschaftliche, sondern nur eine mythische Antwort möglich ist, deutet Plato selbst auf das bestimmteste an, indem er nicht bloss nach „Dichterweise" die Musen um Begeisterung und Erleuchtung anruft, sondern auch diese Antwort ihnen in den Mund legt und ausdrücklich als einen Scherz der Musen bezeichnet."

[2]) Damit ist die im fünften, sechsten und siebenten Buche geschilderte beste Verfassungsform der βασιλεία und ἀριστοκρατεία gemeint. Dazu vgl. noch πόλιν οὕτω ξυστᾶσαν (546 A).

[3]) Die Erklärung dieser Formel, der „Platonischen Zahl", ist immer noch in Dunkel gehüllt (ἀριθμὸς γεωμετρικὸς τοιούτου κύριος, ἀμεινόνων τε καὶ χειρόνων γενέσεων 546 C).

[4]) Plato sieht also in der vernünftigen Regelung der Ehen das Fundament eines guten Staates.

Wenn auch von diesen Nachkommen immer nur wieder die besten zur Macht und Herrschaft gelangen, so werden sie doch, da sie ja von Natur aus unwürdig (ἀνάξιοι ὄντες) sind, als Wächter des Staates zuerst uns vernachlässigen; sie werden der musikalischen und gymnastischen Erziehung weniger Wert beilegen als sich gebührt, wodurch die Jugend ἄμουσος wird (546 D). Sie werden ferner nicht die Arten der Anlagen unterscheiden und zu prüfen wissen. Sie werden das Silber nicht vom Golde und das Eisen nicht vom Erze zu scheiden verstehen. Wenn sich aber diese verschiedenen Gattungen mit einander mischen, so entsteht eine Ungleichmässigkeit und eine disharmonische Ungleichheit (ἀνωμαλία ἀνάρμοστος), wodurch Krieg und Feindschaft erzeugt wird (547 A).

So entsteht die στάσις. Bei einem Aufruhre nun würden die beiden niederen Seelenarten, die eherne und eiserne, nach Erwerb und Landbesitz, nach Häusern, Gold und Silber streben. Durch Vernachlässigung der musikalischen Erziehung fehlt eben die σωφροσύνη, welche ja die harmonische Ordnung der Seele bewirkt, d. h. die gehorsame Unterwerfung der niederen Seelenteile unter die höheren, vernünftigen. Die beiden besseren Seelenarten würden, da sie von Natur nicht arm, sondern reich sind, die Seele zur Tugend und zur alten guten Verfassung zu führen suchen (547 B). Im Widerstreite dieser Charaktere kommt man zu dem Zugeständnisse (βιαζομένων δὲ καὶ ἀντιτεινόντων ἀλλήλοις εἰς μέσον ὡμολόγησαν), dass Land und Häuser verteilt und zum Privatbesitze gemacht werden. Die Wächter des Staates werden sich zwar um den Krieg und die Bewachung des Landes kümmern, die anderen aber werden nicht mehr wie in der obigen Verfassung als Freunde und Ernährer betrachtet werden, sondern als Periöken und Diener geknechtet werden.[1]) Diese Verfassung steht in der Mitte zwischen Aristokratie und Oligarchie (547 C). Sie wird in mancher Beziehung die beste Verfassung nachahmen, im Einzelnen wird sie ihre eigene Beschaffenheit haben und in gewissen Dingen der niederer stehenden Oligarchie gleichen 547 D). Wenn sie nämlich den Stand der Herrscher achtet, wenn ihr Kriegerstand (τὸ προπολεμοῦν αὐτῆς) sich des Ackerbaues und des Handwerkes enthält, wenn derselbe gemeinsam speist, die Gymnastik und die kriegerischen Übungen pflegt, dann ahmt diese Ver-

---

[1]) Plato mag hier an den spartanischen Staat und dessen Entwicklung gedacht haben.

fassung die bessere, nämlich die Aristokratie nach (547 D). Ihr eigenartiges Wesen aber zeigt sich darin, dass sie nicht die einfachen und strengen Philosophen¹) als Herrscher aufstellen, sondern die Mutigen (*θυμοειδεῖς*), die mehr zum Kriege als zum Frieden neigen, dass ferner Kriegslist und Kriegsmaschine bei ihnen hoch geachtet sind und oft Krieg geführt wird (547 E). Der Oligarchie gleicht sie durch die Habsucht, durch die grosse Achtung vor dem Golde und Silber, durch Genusssucht, Kargheit (*φειδωλοὶ χρημάτων*) und durch kindischen Gehorsam gegen das Gesetz (*ὥσπερ παῖδες πατέρα τὸν νόμον ἀποδιδράσκοντες* 548 B). Das alles kommt aber daher, weil sie die Gymnastik mehr gepflegt haben als die musischphilosophische Ausbildung. Auf diese Weise ist diese Verfassung aus guten und schlechten Bestandteilen gemischt (*μεμιγμένην πολιτείαν ἐκ κακοῦ τε καὶ ἀγαθοῦ* 548 C). Streitlust und Ehrsucht (*φιλονεικίαι καὶ φιλοτιμίαι*) sind besonders an ihr hervortretend.²) (Vgl. Cic. Off. I, 19, 64 vincendi cupiditate inflammatum.) Welches ist nun der Mensch, welcher dieser Verfassung gleicht? (548 D.)³) Er ist selbstgefällig und den Musen nicht hold (*αὐθάδης καὶ ὑπάμουσος*), er ist hart gegen die Sklaven, aber sanft gegen die Freien, den

---

¹) Polit. VIII, 547 E: τῷ δέ γε φοβεῖσθαι τοὺς σοφοὺς ἐπὶ τὰς ἀρχὰς ἄγειν, ἅτε οὐκέτι κεκτημένην ἁπλοῦς τε καὶ ἀτενεῖς τοὺς τοιούτους ἄνδρας ἀλλὰ μικτούς...

²) Susemihl a. a. O. II, p. 227: „So viel sieht man aus diesen eigenen Andeutungen Plato's, dass die wesentlichsten Einrichtungen seines Staates immerhin nicht blosse Phantasiegebilde, sondern eine nur noch weit strengere Durchführung derjenigen Prinzipien sind, welche dem spartanischen wirklich zu Grunde lagen."

K. Fr. Hermann, „Gesch. und Syst.," p. 541 ff. behauptet, dass Plato eine genaue Kenntnis der politischen Blössen seiner Zeit verrät, dass sein Staatsgebäude nicht auf blosser Theorie beruhe, dass ferner sein Staatsprinzip das lykurgische sei.

³) Von nun an wird jene Frage beantwortet, die wir im zweiten Buche (358 B) kennen gelernt haben. Die eine Frage lautete dort: Was ist *δικαιοσύνη* und *ἀδικία*? Dies war bis zum Schlusse des vierten Buches beantwortet. Die andere Frage war: Welche Wirkung üben *δικαιοσύνη* und *ἀδικία* aus, wenn sie in der Seele sind? Am Anfange des fünften Buches ist diese doppelte Betrachtungsweise, des Staates sowohl als auch des einzelnen Menschen, betont: V. 449 A: *ἀγαθὴν μὲν τοίνυν τὴν τοιαύτην πόλιν τε καὶ πολιτείαν καὶ ὀρθὴν καλῶ, καὶ ἄνδρα τὸν τοιοῦτον... εἴπερ αὕτη ὀρθή, περί τε πόλεων διοικήσεις καὶ περὶ ἰδιωτῶν ψυχῆς τρόπου κατασκευήν κτλ..*

Herrschern gegenüber kriechend (σφόδρα ὑπήκοος), er ist ehrgeizig und herrschbegierig. Dieses Streben sucht er nicht durch Reden zu befriedigen, sondern durch kriegerische Thaten. Er pflegt auch die Gymnastik und die Jagd (φιλογυμναστής καὶ φιλόθηρος 549 A). Mit dem zunehmenden Alter wird er geldgierig (φιλοχρήματος). Er strebt nicht nach der Tugend (549 B). Betrachtung der *Oligarchie* (550 C). Die Verfassung beruht auf dem Census, der Vermögensschätzung (ἀπὸ τιμημάτων πολιτεία). In ihr herrschen also die Reichen, die Armen sind von allen Ämtern ausgeschlossen (πένητι δὲ οὐ μέτεστιν ἀρχῆς 550 D). Wie entsteht nun aus der Timokratie die Oligarchie? Der Privatbesitz vermehrt sich immer mehr, der Reichtum wird zunehmend mehr geachtet als Tugend (550 E). Was aber in Ehren steht, das wird im Staate auch geübt und getrieben; was dagegen nicht geachtet ist, das treibt man auch nicht. So werden schliesslich die Männer erwerbslustig und geldgierig, sie lieben und bewundern die *Reichen* und stellen diese als Herrscher auf, die Armen missachten sie (551 A). Die Grösse des Vermögens ist massgebend für die politischen Rechte. Es ist ein Hauptfehler der oligarchischen Verfassung, dass sie den Armen, auch wenn er der Tüchtigste ist, von allen Ämtern ausschliesst (551 C). Dadurch entstehen gleichsam zwei Staaten in einem, ein Staat der Reichen und ein Staat der Armen, die sich gegenseitig bekämpfen (551 D). Bei einem Kriege fürchten sich die Reichen vor der bewaffneten Menge. Wenn sie dieselben aber nicht zum Kriegsdienste heranziehen, dann sind sie selbst im Kampfe zu wenige. Da sie ferner geldgierig sind, zahlen sie auch nicht gerne Steuern (551 E). Auch die Vielgeschäftigkeit ist nicht gut. Es ist nämlich nicht förderlich, dass dieselben Leute sowohl Ackerbau und Gewerbe treiben als auch Kriegsdienste leisten. (Plato denkt eben an die verschiedenen Stände seines Idealstaates 552 A). Da aber auch jeder seinen Reichtum verschwenden kann, so entstehen mit der Zeit Arme und Bettler sogar in der Mitte der herrschenden Klasse. Das ist eine Krankheit des Staates (552 C). Bald gibt es auch Diebe und Räuber, welche die Obrigkeit schwer im Zaume halten kann (552 E). Solche Übel bringt die Oligarchie mit sich.

Dieser Verfassung gleicht jener Mensch, der in seiner Seele das begehrliche und geldgierige Element (τὸ ἐπιθυμητικόν τε καὶ φιλοχρήματον) zur Herrschaft bringt, dagegen das λογιστικόν und das

LXIX

θυμοειδές knechtet und zwingt, die selbstsüchtigen Zwecke der niederen Seelenbestrebungen zu erfüllen (553 C, D). Ein solcher wird nur den Erwerb und das Geld schätzen, dabei ist er karg und sucht nur Schätze anzuhäufen (554 A). Ihm fehlt die wahre Tugend einer einmütigen, harmonischen Seele (554 E). Aus der Oligarchie entsteht die *Demokratie* (555 B). Während die einen von unersättlicher Begierde nach Reichtum getrieben sich Schätze sammeln, verschwenden andere ihre Habe. Diese Verschwendung wird von den geldgierigen Herrschern nicht eingeschränkt durch Gesetze, weil sie daraus ihren eigenen Vorteil zu ziehen wissen.[1]) Das Streben nach Reichtum und der Besitz der *σωφροσύνη* können unmöglich mit einander vereinigt sein, eines oder das andere muss vernachlässigt werden (555 C, D). Dagegen werden viele arm, müssen viele Schulden zahlen und verlieren infolge dessen die bürgerlichen Ehrenrechte. Diese hassen die besitzende und herrschende Klasse, befehden sie und lieben die Revolution (*νεωτερισμοῦ ἐρῶντες* 555 D). Man hindert eben weder die Verschwendung, noch fördert man das Streben nach Tugend (556 A). Die Reichen erziehen ihre Kinder in Überfluss, Weichlichkeit und Mühelosigkeit, sie kümmern sich nur um den Erwerb (556 B). Die Unzufriedenheit der besitzlosen Klasse verursacht inneren Zwist und Kampf (556 E). Wenn nun die Armen die Oberhand behalten und ihren Sieg so ausbeuten, dass sie die einen töten, die anderen verbannen und die übrigen gleichmässig an der Herrschaft teilnehmen lassen, so ist damit der Übergang zur Demokratie gemacht (557 A). Es entsteht nun allgemeine Freiheit und Freimütigkeit, jeder lebt, wie er will (557 B).

Wie wird nun aus einem oligarchischen ein demokratischer Mann? (558 D.) Der oligarchische beherrscht seine Begierden, wie wir gesehen haben, um keine überflüssigen Ausgaben zu machen; er geht vielmehr nur auf Erwerb aus (558 D). Der sparsame, aber ungebildete Oligarch, welcher mit solchen zusammenkommt, die ihm die mannigfaltigsten Genüsse bieten, fängt von diesem Augenblicke an die demokratische Natur anzunehmen (559 D, E). Wird nun ein solcher Jüngling von seinem Vater oder seinen Angehörigen zu-

---

[1]) Polit. VIII, 555 C: *οὐκ ἐθέλουσιν (οἱ ἄρχοντες) εἴργειν νόμῳ τῶν νέων ὅσοι ἂν ἀκόλαστοι γίγνωνται, μὴ ἐξεῖναι αὐτοῖς ἀναλίσκειν τε καὶ ἀπολλύναι τὰ αὑτῶν, ἵνα ὠνούμενοι τὰ τῶν τοιούτων καὶ εἰσδανείζοντες ἔτι πλουσιώτεροι καὶ ἐντιμότεροι γίγνωνται.*

rechtgewiesen, so entsteht in ihm ein Widerstreit zwischen den eben entfesselten Begierden und der alten Bezähmung derselben (στάσις δὴ καὶ ἀντίστασις καὶ μάχη ἐν αὐτῷ πρὸς αὐτὸν τότε γενήσεται 560 A). Es mag vorkommen, dass die besseren Bestrebungen der Seele die Oberhand behalten über die Leidenschaften, dann kehrt der Jüngling wieder auf die rechte Bahn zurück (560 A). Jedoch werden ihn, da er nicht die rechte Bildung und Erziehung erhalten hat, die Begierden mit erneuter Macht anfallen (560 B): δι' ἀνεπιστημοσύνην τροφῆς πατρός.[1]) Diesen Jünglingen fehlen die Wissenschaften, die schönen Fertigkeiten und die wahren Lebensgrundsätze (ἀληθεῖς λόγοι), welche die besten Wächter der gottgefälligen Menschen sind (560 B). Die schlimmen Leidenschaften, die einmal von der Jünglingsseele Besitz genommen haben, lassen keine bessere Regung aufkommen. Die Scham nennen sie Dummheit, die σωφροσύνη Unmännlichkeit (ἀνανδρία 560 D). Dagegen herrscht Übermut (ὕβρις), Gesetzlosigkeit (ἀναρχία), Unmässigkeit (ἀσωτία) und Schamlosigkeit (ἀναίδεια 560 E). Es herrscht keine strenge Ordnung in einer solchen Lebensweise (τάξις und ἀνάγκη 561 D).

Die Tyrannis endlich entsteht offenbar aus der Demokratie (562 A). Wie der Reichtum die Oligarchie verdorben hat, so verdirbt die Freiheit (ἐλευθερία) die Demokratie (562 B, C). In einem nach Freiheit dürstenden Staate werden die Herrscher, wenn sie nicht sanft und nachgiebig [2]) sind und nicht grosse Freiheiten gewähren, geschmäht und angeklagt als verworfene und oligarchisch gesinnte Männer (562 D). Diejenigen, welche den Obrigkeiten gehorchen, werden als knechtisch gesinnte und charakterlose (οὐδὲν ὄντες) misshandelt. Man will Obrigkeit und Unterthanen auf eine Stufe stellen (562 D). Es soll ferner auch kein Unterschied mehr sein zwischen Sklaven und Freigeborenen (563 B) Dadurch kommt es endlich so weit, dass sich die Unterthanen nicht mehr um die Gesetze kümmern. Sie haben eben ein übertriebenes Frei-

---

[1]) Susemihl a. a. O. II, p. 233: „Bei der Schilderung eines entsprechenden Einzelmenschen, der bald zum Edelsten sich erhebt, bald zum Niedrigsten herabsinkt, bald philosophiert und bald dem Ehrgeize und wiederum der Gewinnsucht folgt und bald schwelgt und bald kargt, hat Plato ohne Zweifel wieder den Alcibiades vor Augen gehabt."

[2]) Wörtlich bezieht sich Cicero auf diese Stelle Rep. I, cap. 43: magistratus et principes, nisi valde lenes et remissi sint et large sibi libertatem ministrent, insequitur, insimulat, arguit, praepotentes, reges, tyrannos vocat. etc.

heitsgefühl (563 D). Das Übermass schlägt aber gewöhnlich ins
Gegenteil um (τὸ ἄγαν τι ποιεῖν μεγάλην φιλεῖ εἰς τοὐναντίον μεταβολὴν ἀνταποδιδόναι 563 E). Aus dem Übermasse von Freiheit entsteht übertriebene Knechtschaft[1]) (564 A): ἡ ἄγαν ἐλευθερία ἔοικεν...
εἰς ἄγαν δουλείαν μεταβάλλειν. Es entsteht nämlich aus der Demokratie
die Tyrannis. Denn das besitzlose oder ärmere Volk, welches in
seiner Mehrheit den Ausschlag gibt im Staate,[2]) stellt gewöhnlich
einen politischen Vertreter für sich auf (ἕνα τινὰ... προϊστασθαι
ἑαυτοῦ 565 C), und macht diesen mächtig. Aus diesen Volksführern
gehen die Tyrannen hervor.[3]) An der Spitze einer ergebenen Volks-
menge (λαβὼν σφόδρα πειθόμενον ὄχλον) weiss er durch mancherlei
Anklagen andere zu beseitigen durch Verbannung sowohl als auch
durch den Tod (ἀνδρηλατῇ καὶ ἀποκτιννύῃ).[4]) Er stellt seinen Anhängern
die Tilgung ihrer Schulden und Verteilung des Landes in Aussicht.[5])
Er revolutioniert gegen die Vermögenden (στασιάζων πρὸς τοὺς ἔχον-
τας τὰς οὐσίας 566 A). Zu seiner persönlichen Sicherheit verlangt
ein solcher eine Leibwache vom Volke (φύλακάς τινας τοῦ σώματος,
ἵνα σῶς αὐτοῖς ᾖ ὁ τοῦ δήμου βοηθύς 566 B). Wenn er diese erhalten
hat, beherrscht er alle Verhältnisse des Staates und wird schliesslich ein vollendeter Tyrann (566 C, D): τύραννος ἀντὶ προστάτου ἀπο-
τετελεσμένος.[6])

Der Tyrann wird anfangs sich beliebt zu machen suchen durch
Versprechungen, Erleichterung der Schuldenlast, durch Länder-
verteilung, durch gnädiges, sanftes Benehmen (566 E). Er weiss
sich unentbehrlich zu machen, indem er immer wieder einen Krieg
erregt, worin das Volk ihn zum Anführer braucht (567 A). Die
Freimütigen und Tapferen trachtet er zu beseitigen, um ungestört
herrschen zu können. Die besten Elemente werden so aus dem
Staate entfernt, die schlechten bleiben bleiben zurück (567 C). Je

---

[1]) Cicero Rep. I, cap. 44: Itaque ex hac maxima libertate tyrannus gignitur
et illa injustissima et durissima servitus.
[2]) Polit. VIII, 565 C: ὃ δὴ πλεῖστόν τε καὶ κυριώτατον ἐν δημοκρατίᾳ.
[3]) Polit. VIII, 565 D: ἐκ προστατικῆς ῥίζης καὶ οὐκ ἄλλοθεν ἐκβλαστάνει
(τύραννος).
[4]) Diese Bestrebungen eines Tyrannen werden auch im Gorgias (466 B) genannt.
[5]) Polit. VIII, 566 A: ὑποσημαίνῃ χρεῶν τε ἀποκοπὰς καὶ γῆς ἀναδασμόν.
[6]) Steinhart a. a. O. V, p. 244 Anm. 244, weist wohl mit Recht darauf hin,
dass' bei der Schilderung des Tyrannen, der vom Volke zum Protektor
(προστάτης) oder Wahrer seiner Rechte ernannt wurde, dem Plato vor allen
Peisistratos vorschwebte.

mehr Feinde er sich infolge der gewaltsamen Handlungsweise zuzieht, mit einer um so stärkeren Leibwache umgibt er sich (567 D). Seine Wächter und Anhänger lässt er aus der Fremde kommen, auch die Sklaven wird er frei machen und sie dadurch an sich ketten. Trotzdem wird die Tyrannis von den tragischen Dichtern und besonders von Euripides gepriesen als etwas Göttliches.[1]) Bei den Demokraten und Tyrannen werden diese Dichter auch reich belohnt und hoch geehrt. Je besser aber eine Verfassung ist, desto weniger wird ihnen der Zutritt gestattet (568 C).

Übersicht.

Im fünften, sechsten und siebenten Buche ist die Ausbildung des vollkommensten Herrschers und die beste Staatsverfassung vorgeführt worden. Im Anschlusse an das Ende des vierten Buches wird nun übergegangen zu einer Darstellung der übrigen vier verfehlten oder schlechten Verfassungen der Timokratie, Oligarchie, Demokratie und Tyrannis. Neben jeder solchen politischen Betrachtung ist zugleich der diesem politischen Verhältnisse entsprechende Seelenzustand geschildert. In Übereinstimmung mit den Grundsätzen des zweiten Buches, wo (368 E) der Staat nur als ein vergrössertes Bild der Seele angesehen wird, ist hier im achten Buche jede einzelne Verfassungsform auch in der menschlichen Seele dargestellt. Nachdem der vollkommen gute Staat geschaffen ist, wird gezeigt, wie die schlechteren Arten allmählich sich daraus entwickeln können. Nach der politischen Schilderung der Tyrannis, bricht das achte Buch ab, ohne dass der ihr gleichende Seelenzustand erörtert ist, wie es doch bei jeder vorhergehenden Verfassungsform der Fall war. Diese psychologische Darstellung bringt der Anfang des neunten Buches.

---

[1]) Polit. VIII, 568 B: καὶ ὡς ἰσόθεον γ᾽, ἔφη, τὴν τυραννίδα ἐγκωμιάζει, καὶ ἕτερα πολλά, καὶ οὗτος (Εὐριπίδης) καὶ οἱ ἄλλοι ποιηταί.

IX. Buch.

Wie wird aus einem demokratischen Manne ein tyrannischer Charakter? (571 A.) Zur Deutlichkeit dieser Untersuchung ist es nötig, dass noch genauer die Arten und die Grösse der Begierden auseinander gesetzt werden (571 A). Jeder trägt in sich heftige, wilde und gesetzwidrige Leidenschaften. Auch bei dem Tugendhaften zeigen sich dieselben im Schlafe, wo die oberen, vernünftigen Seelenvermögen über das ἐπιϑυμητικόν ihre Herrschaft nicht ausüben (572 B). Wir sahen oben, wie der Sohn eines oligarchischen, nur den Erwerb liebenden Mannes durch den Umgang mit schlechteren ein demokratischer Charakter wurde. Denken wir uns nun, von diesem Demokraten stamme wieder ein Sohn (572 D). Wenn dieser eine unrichtige Erziehung erhält, wenn er in die höchste Gesetzlosigkeit eingeführt wird, die man ihm als Freiheit anpreist, wenn er seine Begierden und Lüste in jeder Weise befriedigt; so verliert er alle Scham, Überlegung und Besonnenheit, es herrscht nur der Wahnsinn in ihm (573 A, B). So entsteht der tyrannische Mensch vom tyrannischen Eros beherrscht. Er wird sich der Genusssucht und Verschwendung hingeben und wird auch die Mittel zur Befriedigung seiner Begierden sich zu verschaffen suchen. Zu diesem Zwecke wird er Betrug und Diebstahl nicht scheuen (κλέπτειν καὶ ἀπατᾶν 574 B). Wenn er von seiner Leidenschaft getrieben ist (τυραννευϑεὶς δὲ ὑπὸ ἔρωτος 574 E), wird er vor den schrecklichsten Thaten nicht zurückschrecken (575 A). Vereinzelte solche Menschen verursachen im Staate wenig Schaden; wenn aber viele auftreten, so erzeugen sie, verbündet mit dem Unverstande der Menge, jenen τύραννος des Staates, der in seiner Seele selbst einen Tyrannen trägt (576 D). Dieser ist der ungerechteste und schlechteste Herrscher (576 B). Je schlechter aber einer ist, desto unglücklicher ist er. Der Tyrann des Staates ist also auch der unglücklichste (576 C). Der tyrannisch regierte Staat ist geknechtet (δούλη), ebenso ist auch der einzelne Mensch, welcher der tyrannischen Vorfassung gleicht, nicht frei, sondern ein Knecht seiner Leidenschaften. Beide er reichen nicht, was sie wollen.¹) Sie haben die meisten Leiden zu erdulden und sind deshalb sehr unglücklich zu nennen, bei weitem am unglücklichsten aber der Tyrann des Staates (579 D). Plato lässt hier den Sokrates das unglückliche Leben eines Tyrannen so lebendig schildern, als ob er einen wirklichen Gewaltherrscher dabei im Auge hätte. Man denkt zunächst an den älteren Dionysius von Syrakus, an dessen Hofe Plato sich aufgehalten hatte.²) Am glücklichsten dagegen ist der βασιλικός ἀνήρ; ihm schliessen sich der Reihe nach an der τιμοκρατικός, ὀλιγαρχικός, δημοκρατικός und τυραννικός.

Ein weiterer Beweis dafür, dass der βασιλικός am glücklichsten und der τυραννικός am unglücklichsten ist, wird in folgender Weise geführt: Wie der Staat in drei Stände zerfällt, so die Seele in drei Bestandteile (τρία εἴδη 580 D). Auch die Lüste und deren Beherrschungen (ἀρχαί) sind dreifach.

Es gibt in der Seele einen Teil, womit man erkennt (λογιστικόν), einen, womit man zürnt (θυμοειδές) und einen dritten, womit man die sinnlichen Begierden äussert (ἐπιθυμητικόν 580 E). Letzteres kann man auch φιλοκερδές nennen, weil es seine Freude am Gewinne hat. Das θυμοειδές würde man auch richtig φιλόνικον oder φιλότιμον bezeichnen, weil es seine Lust hat am νικᾶν und εὐδοκιμεῖν. Das λογιστικόν könnte man auch, da es nach der Wahrheit strebt φιλομαθές und φιλόσοφον heissen (581 B). Darnach gibt es auch drei Arten von Menschen: φιλόσοφοι, φιλόνικοι und φιλοκερδεῖς. Auch die Lüste sind dreifach. Jede von den drei eben angeführten Menschenarten hat ihre eigene höchste Lust. Die φιλοκερδεῖς halten den Gewinn für das grösste Vergnügen, die φιλόνικοι den Sieg und die Ehre, die φιλόσοφοι die Erkenntnis der Wahrheit. Die anderen Lüste sind naturnotwendige und nicht an die Arten der Menschen geknüpft (ἀναγκαῖαι ἡδοναί 581 D, E). Wenn nun die Lüste in Widerstreit miteinander sind und man entscheiden soll, welcher Lust man nachgeben und folgen soll, so bedarf man hiezu der Erfahrung (ἐμπειρία), Einsicht (φρόνησις) und der Vernunft (λόγος 582 A). Erfahrung, Einsicht und Vernunft sind aber hauptsächlich die Werkzeuge des φιλόσοφος, während der φιλότιμος nach Ehre und Sieg, der φιλοκερδής nach

---

¹) Vgl. Gorg. 468 E: μὴ μέγα δύνασθαι μηδέ ποιεῖν ἃ βούλεται (ὁ τύραννος); ferner Polit. 577 D: τυραννουμένη πόλις ἥκιστα ποιεῖ ἃ βούλεται.
²) Vgl. Susemihl a. a. O. II, p. 220. Steinhart a. a. O. V, p. 699 Anm. 245, verweist auf Cicero Tusc. V, 20, 21.

Reichtum und Gewinn urteilt (582 C, D). Der Philosoph ist also am besten geeignet über die rechte Lebensweise zu entscheiden (*κάλλιστα τῶν ἀνδρῶν·κρίνει οὗτος*). Dieser wird als die vorzüglichste Lebensart die eigene, d. h. die philosophische Laufbahn hinstellen (583 A). In zweiter Linie wird er die Beschäftigung des Krieges und das Streben nach Ehrenstellen ansetzen. An diese schliessen sich drittens der Erwerb und die Gewinnsucht (583 A). Nur die dem *φρόνιμος* eigene Lust ist rein und wahr, die Lüste der niederen Seelenteile verhalten sich zu dieser wie Schattenbilder zu realen Gegenständen (583 B). Die Begierden des *θυμοειδές* und *φιλοκερδές* sollen sich daher dem *λογιστικόν* unterordnen und sich nicht empören, dann werden sie nicht bloss das Ihrige thun und dadurch gerecht sein, sondern werden auch die möglichst besten, d. h. die ihrem Wesen entsprechenden Lüste haben. Durch die Unterordung unter das *λογιστικόν* werden sie nämlich an der Wahrheit teilnehmen, welche jenes sich zum Ziele gesetzt hat (586 E). Ein Tyrann wird daher unglücklich leben, ein König im platonischen Sinne am glücklichsten, weil jener *ἄδικος* und *κακός*, dieser aber *δίκαιος* und *ἀγαθός* ist (588 A). Damit ist der beabsichtigte Beweis geschlossen.

An dieser Stelle (588 B) geht Sokrates wieder zurück auf eine Behauptung des Thrasymachus im ersten Buche, wo (344 Aff.) behauptet wurde, *dass Unrechtthun dem Ungerechten nütze* (*ἦν δὲ που*[1]) *λεγόμενον λυσιτελεῖν ἀδικεῖν τῷ τελέως μὲν ἀδίκῳ, δοξαζομένῳ δὲ δικαίῳ*). Nachdem nun seit jener Stelle des ersten Buches viel verhandelt worden sei, solle nun jene Frage entschieden werden.

Zu diesem Zwecke gestaltet Plato ein wundersames Gebilde, welches besteht aus einem vielköpfigen Untier, aus einem Löwen und einem Menschen, entsprechend den drei Seelenteilen. Über diese drei inneren Gestalten wird die äussere Hülle eines Menschen gezogen, so dass jene dem sinnlichen Auge nicht sichtbar sind. Es wird nun gezeigt, dass Unrechtthun so viel hiesse als das vielköpfige Untier im Inneren des Menschen und den Löwen durch allzu üppige Nahrung stark machen, den inneren, vernünftigen menschlichen Teil aber durch Hunger schwächen. Pflicht ist es vielmehr, diese verschieden gearteten inneren Bestandteile friedlich aneinander

---

[1] Polit. I, 344 A: *πάντων δὲ ῥᾷστα μαθήσει, ἐὰν ἐπὶ τὴν τελεωτάτην ἀδικίαν ἔλθῃς, ἣ τὸν μὲν ἀδικήσαντα εὐδαιμονέστατον ποιεῖ κτλ.*

zu gewöhnen, sie gegenseitig zu befreunden und Streit und Krieg unter ihnen zu verhindern.(588 E, 589 A f.). Wer überzeugt ist, dass δίκαια πράττειν den wahren Nutzen bringt, wird in dem angegebenen Tiergebilde den inneren vernünftigen Menschen am meisten pflegen und ihn zum stärksten Teile machen. Das Wilde und Ungestüme wird er einschränken und besänftigen, das Zahme wird er heben und nähren. Er wird dem Ganzen eine vernünftige Sorge angedeihen lassen und eine harmonische Freundschaft der Bestandteile herzustellen suchen. Das Schöne und Nützliche entsteht überhaupt nur dann, wenn das tierische Element unter das vernünftige, göttliche gebracht wird. Das Hässliche und Schädliche tritt dann auf, wenn das Zahme und Vernünftige dem wilden Elemente unterworfen wird (589 D). Also wenn das Göttliche und Vernünftige herrscht, haben wir Vorteil, diesem soll man sich überall unterwerfen, nicht zum eigenen Schaden, wie Thrasymachus im ersten Buche meinte, sondern zum Vorteile des Beherrschten (590 D). Es ist ferner jetzt klar, dass Unrechtthun und zügelloses Leben keinen Nutzen bringen; denn wenn man dadurch auch Geld und Macht gewinnt, so hat man doch den viel grösseren Nachteil, schlecht zu werden (591 A). Es ist nicht vorteilhaft, wenn das Unrecht nicht entdeckt wird und der Übelthäter seiner verdienten Strafe entgeht; denn der Unentdeckte wird noch schlechter, wer aber entdeckt und entsprechend gestraft wird, in einem solchen wird das tierische Element gezähmt, das zahme und vernünftige wird in Freiheit gesetzt und die Tüchtigkeit und Gesundheit der Seele wird erhalten (591 B).[1]) Die Ansichten des Thrasymachus im ersten Buche sind hiemit als widerlegt zu betrachten. Dies Ergebniss hat auch das dritte Buch voraus verkündet (vgl. 392 B, C). Jeder soll streben, jene Wissenschaften zu üben, welche in seiner Seele die Tugenden erzeugen (591 C), er soll seinen Körper in harmonische Verbindung mit der Seele setzen (591 D), dann ist er in Wahrheit μουσικός. Er wird auch seinen Besitz nicht ins Übermässige steigern oder ihn verschwenden, um nicht durch den Überfluss oder Mangel die schöne Harmonie seiner Seele zu stören (591 E). Manche Ehrenstellen wird er freiwillig bekleiden, nämlich solche, die ihn besser und erfahrener machen, andere dagegen wird er vermeiden. In einem andern Staate jedoch, als in dem eben konstruierten besten Staate, wird er an der Politik sich

---

[1]) Vgl. Gorg. 477 A — 478 D.

nicht beteiligen wollen (592 A). Dieser vollkommene Staat ist aber wohl nirgends in der Welt zu finden. Das Urbild dazu ist im Himmel zu sehen. Ein echter Philosoph jedoch richtet und bildet sich nach seinem Ideal, unbekümmert darum, ob dasselbe irgendwo in der Welt verwirklicht ist oder nicht. Er thut allein, was dieses hohe und reine Himmelsbild ihm als schön und richtig zeigt (592 B).[1])

Übersicht.

Der Anfang dieses Buches gehört sachlich so enge zum Schlusse des achten Buches, dass ein Kapiteleinschnitt nicht erwartet werden kann. Es war voraus die Entwicklung der politischen Tyrannis dargestellt, nun folgt die jener schlechten Verfassung gleichende Seelenbeschaffenheit Die Herrschaft der Leidenschaften knechtet die Seele des Menschen. Der unvernünftige Seelenteil bekommt die Herrschaft über das λογιστικόν. Ein solcher Mensch ist unglücklich, weil er schlecht ist. Am unglücklichsten aber ist der Tyrann des Staates (579 D), weil er der schlechteste ist. Auch deshalb ist er noch unglücklich, weil er keine wahre Lust und Freude haben kann. Dagegen am glücklichsten ist der ἀνὴρ βασιλικός und stufenweise abwärts der τιμοκρατικός, ὀλιγαρχικός, δημοκρατικός und zuletzt der τυραννικός.

Nachdem nun gezeigt ist, unter welchen Bedingungen man glücklich werden kann, so sind die Behauptungen des Thrasymachus im ersten Buche bündig widerlegt. Es wird in übersichtlicher Darstellung jener sophistisch-politische Grundsatz als unwahr erwiesen, dass das Unrechtthun nütze und glücklich mache. So sind die Fragen des ersten Buches, die dort noch zweifelhaft erschienen,[2])

---

[1]) Gegen Steinhart hat Susemihl diese Stelle richtig so erklärt a. a. O. II, p. 249: „Der Sinn kann nämlich nach Obigem nur ein hypothetischer sein: Gesetzt auch, jener Staat wäre schlechthin zu keiner Zeit auf Erden aufzufinden, so würde er noch immer die Bedeutung erhalten, dass der Philosoph, so gut er könnte, in allen seinen Handlungen so verführe, als lebte er in ihm." Vgl. Steinhart a. a. O., p. 254.

[2]) Vgl. Polit. I, 354 C: ὥστε μοι νυνὶ γέγονεν ἐκ τοῦ διαλόγου μηδὲν εἰδέναι· ὁπότε γὰρ τὸ δίκαιον μὴ οἶδα ὅ ἐστι, σχολῇ εἴσομαι εἴτε ἀρετή τις οὖσα τυγχάνει εἴτε καὶ οὔ, καὶ πότερον ὁ ἔχων αὐτὸ οὐκ εὐδαίμων ἐστὶν ἢ εὐδαίμων.

deutlich gelöst. Es wird ferner kurz betont, dass man sich durch Ausbildung der Seele die Tugend und geistige Gesundheit erwerben und den Körper damit in harmonische Beziehung bringen solle, was ja den Hauptinhalt der nachfolgenden Bücher ausmacht. Es soll alles vermieden werden, was die Seele aus diesem besten und vollkommensten Zustande auf niedere Stufen der Glückseligkeit herunterziehen kann. Durch solche Bürger wird ein Staat zum vollkommensten, wie er wohl kaum in der Welt zu finden ist.

X. Buch.

Obwohl im Vorausgehenden der Staat gut eingerichtet ist, will Sokrates doch noch einen wichtigen Punkt besprechen, das ist die Dichtkunst. Die darstellende Poesie (μιμητική) darf nicht in den Staat aufgenommen werden. Schon im zweiten Buche ist die mythologische Dichtung des Homer und Hesiod deshalb getadelt worden, weil sie von den Göttern Unwahres und Unwürdiges erzähle und die Helden zu gewöhnlich darstelle (378 A ff., ausserdem III. B. 388 C ff.). Die nachahmende Poesie soll, wie im dritten Buche (395 C f.) näher ausgeführt wurde, nur Edles und Wahres bieten, was zur reinen Tugend führt. Nur solche Dichter, die dieses zur Darstellung bringen, sind im Staate zu dulden (III, 397 f.). In jenen früheren Büchern der Politeia diente die Poesie als Unterrichtsgegenstand, um dadurch jenen Grad der Tugenden sich anzueignen, der auf der δόξα beruhte (vgl. hierüber das III Buch). In den folgenden Büchern wurde jene Tugend dargestellt, die auf der σοφία, auf der philosophischen Erkenntnis der Idee des Guten beruhte. Wie verhält sich nun die Poesie als Unterrichtsgegenstand gegenüber diesem hohen Ziele der Erziehung? Im siebenten Buche ist schon gezeigt, dass nur die strengen mathematischen Wissenschaften mit der Dialektik zu jenem Ziele der Erkenntnis führen. Dieses Verhältnis der Poesie zu den philosophischen Wissenschaften hätte gleich im siebenten Buche dargelegt werden können. Im achten Buche (568 A—D) wurde auseinander gesetzt, dass die tragischen Dichter deshalb nicht in den Staat aufgenommen werden, weil sie die Tyrannis verherrlichen, also eine der Philosophie gerade entgegen gesetzte Ansicht verfolgen. Im Anfange des zehnten Buches erscheint diese Erörterung als ein Nachtrag. Die darstellende Dichtkunst darf also, so beginnt Sokrates, nicht zugelassen werden; denn sie bringt solchen Zuhörern, die das wahre Wesen der Dinge noch nicht einsehen, nichts als Schaden (595 B).[1]) Zuerst spricht Sokrates,

---

[1]) Vgl. Polit. X, 595 B: Λώβη ἔοικεν εἶναι πάντα τὰ τοιαῦτα τῆς τῶν ἀκουόντων διανοίας, ὅσοι μὴ ἔχουσι φάρμακον τὸ εἰδέναι αὐτὰ οἷα τυγχάνει ὄντα.

wenn ihn auch eine gewisse liebevolle Scheu abzuhalten sucht, gegen den Lehrer und Führer der Tragiker, gegen Homer (595 C).[1]) Um die Unzulänglichkeit oder Schädlichkeit der Poesie zu zeigen, bezieht sich Sokrates auf seine gewohnte Methode des Philosophierens, nämlich aus der Mannigfaltigkeit der Erscheinungen das einheitliche Wesen der Dinge zu ergründen (εἶδος γάρ πού[2]) τι ἓν ἕκαστον εἰώϑαμεν τίϑεσϑαι περὶ ἕκαστα τὰ πολλά 596 A). Wenn z. B. ein Handwerker einen Tisch verfertigt, so thut er dies, indem er auf jene einheitliche ἰδέα hinschaut (596 B). Diese Idee selbst stellt er nicht dar, er verfertigt nur *einen gewissen* Tisch, er bringt etwas zu Stande, was der Idee ähnlich ist, es ist aber nicht die selbstständig existierende Idee (597 A). Auch der Maler kann einen Tisch darstellen, aber er *erzeugt* keinen Gegenstand wie der τέκτων, sondern er *ahmt* diesen *Gegenstand* nur nach (597 E). Was nun dieser ζωγράφος ist gegenüber dem δημιουργός und dem ideenerschaffenden Gott, das nämliche ist der Tragiker und alle übrigen nachahmenden Dichter gegenüber dem wahren Philosophen. Wie die Malerei nicht die Darstellung der *Wirklichkeit* (ἀληϑείας), sondern des *Scheines* (φαντάσματος) ist, ebenso bringen auch die Dichter nicht das *Seiende*, sondern ihre *Phantasiegebilde* zur Darstellung (φαντάσματα γὰρ, ἀλλ' οὐκ ὄντα ποιοῦσιν (599 A). Die Dichter stehen also auf der dritten Stufe der Wahrheit, welche in der Ideenwelt, im ὄντως ὄν am meisten zum Ausdrucke kommt, von da ab aber sich immer mehr verdunkelt im realen Abbilde (εἴδωλον) und am meisten in den subjektiven Phantasiegebilden (φαντάσματα 599 A, D). Die tragische und epische Poesie ist nur eine Spielerei, kein ernstliches Verständnis des dargestellten Gegenstandes (παιδιὰν καὶ οὐ σπουδήν); zudem bringt sie nur solches vor, was der Menge und den Unverständigen gefällt (602 B). Diese malende oder nachahmende Kunst verbündet und befreundet sich mit einem Teile unserer Seele, welcher von der Erkenntnis der Wahrheit ebenso weit absteht, als die genannten Künste (πόρρω τῆς ἀληϑείας, πόρρω φρονήσεως 603 A, B). Durch eine solche Verbindung kann nichts Gutes erzeugt werden. Dem λογιστικόν,

---

[1]) Polit. X, 595 C: ἔοικε μὲν γὰρ (Ὅμηρος)... τῶν τραγικῶν πρῶτος διδάσκαλός·τε καὶ ἡγεμὼν γενέσϑαι.

[2]) Das ist die Methode des guten Philosophen, wie sie schon im fünften Buche der Politeia (476 B f.) erwähnt wird; ferner bei der Schilderung des philosophischen Erziehungsganges im sechsten und siebenten Buche wiederholt zum Ausdrucke kommt.

welches bestrebt ist, in der Seele Ordnung und Gesundheit herzustellen, wirkt oft das ἀλόγιστον entgegen, das dem πάϑος zugeneigt ist. Der vernünftige und ruhige Charakter ist nicht leicht in der Dichtkunst nachzubilden, noch auch leicht zu begreifen, besonders in dem volkreichen Theater (οὔτε ῥᾴδιον μιμήσασϑαι οὔτε μιμούμενον εὐπετὲς καταμαϑεῖν 604 E). Solche Darstellungen, welche auf dem λογιστικόν beruhen, darf der Dichter dem Publikum im Theater nicht bieten, wenn er Geltung haben will; er muss vielmehr zum mannigfachen πάϑος greifen, welches leicht darzustellen und zu begreifen ist (605 A). Diese Dichter darf man in einem wohlgeordneten Staate nicht zulassen, weil sie das λογιστικόν verderben und dem unvernünftigen Teile der Seele schmeicheln, weil sie nicht die Wahrheit darstellen, sondern nur Schattenbilder derselben (605 B). Nur Hymnen an die Götter und Loblieder auf tüchtige Männer sollen vorgetragen werden (ὕμνους τοῖς ϑεοῖς καὶ ἐγκώμια τοῖς ἀγαϑοῖς ποιήσεως παραδεκτέον εἰς πόλιν (607 A, vgl. III, 390 D).

Welches ist nun der Lohn der Tugend und ihr winkender Kampfpreis? (τά γε μέγιστα ἐπίχειρα ἀρετῆς καὶ προκείμενα ἆϑλα 608 C). Unsere Seele ist unsterblich und unvergänglich (608 D). Das ist nicht schwer nachzuweisen, sagt Sokrates (608 D). — Wäre dies ein neues[1]) Thema für Sokrates, so könnte er nicht so sprechen —. Der Beweis wird in folgender Weise geführt: Das Schlechte vernichtet und zerstört, das Gute wirkt erhaltend und nützlich (608 E). Jedes einzelne Ding und Wesen hat sein natureigenes (ξύμφυτον) Übel und seine eigene Krankheit (609 A). So wird das Eisen vom Roste verzehrt, der Meltau schädigt das Getreide; ebenso wird die Seele verdorben durch Ungerechtigkeit, Zügellosigkeit, Feigheit und Unwissenheit. Dieses ἔμφυτον κακόν, die ἀδικία, vernichtet die Seele und wirkt tötlich (610 D). Allerdings wird nicht der Tod des Leibes herbeigeführt, d. h. die Befreiung von allen Übeln; der Ungerechte lebt vielmehr erst recht (610 E). Er sucht eher, wenn er kann, andere zu töten. Das naturgemässe und eigene κακόν der Seele, die ἀδικία, ist nicht im Stande die Seele zu töten, d. h. das Lebensprinzip des

---

[1]) Susemihl a. a. O. II, p. 266, gibt die „unverkennbare Beziehung" auf den Phädon zu, aber es sei minder klar als in allen ähnlichen Fällen, ob wir hier eine Vorausdeutung (vgl. Munk, „Nat. Ord. der pl. Schr," p. 320 ff.), oder einen Rückweis vor uns haben; jedoch zeigt Susemihl, dass die Beweise für die Unsterblichkeit der Seele im Phädon diesem in der Republik vorausgehen. Das Gegenteil behauptet Munk, „Nat. Ord. der pl. Schr.," p. 321.

menschlichen Leibes auszutilgen und dadurch den Tod herbeizuführen. Noch weniger wird dies ein fremdartiges, die Seele weniger schädigendes Übel, zu thun im Stande sein. Das Lebensprinzip, die Seele, kann also weder durch ihr eigenes *κακόν*, noch durch ein fremdes zerstört werden, sie ist also unzerstörbar und unsterblich (*ἀεὶ ὄν, ἀθάνατον* 611 A). Die Anzahl der unsterblichen Seelen kann sich nicht verringern noch vermehren. Denn die neu entstehenden müssten aus dem Endlichen und Sterblichen hervorgehen, so dass schliesslich alles unsterblich würde (611 A). Wie ist die Seele an sich in Wirklichkeit beschaffen, wenn sie vom Körper losgetrennt und von allen sonstigen Übeln befreit ist? Wenn wir ihre hohe philosophische Thätigkeit betrachten, so zeigt sich uns ihre Verwandtschaft mit dem Göttlichen, Unsterblichen und Ewigen (611 E). Nachdem die *πάθη* und *εἴδη* der Seele hinreichend besprochen sind, bleibt noch die Betrachtung der unsterblichen Seele übrig.

Im zweiten Buche (361 B, C) wurde hervorgehoben, dass der Gerechte im menschlichen Leben oft ungerecht erscheint, der Ungerechte dagegen gerecht (612 C). Die Götter werden sich darüber nicht täuschen, wer gerecht ist und wer ungerecht (612 E); ersterer ist notwendig *θεοφιλής*, der andere *θεομισής, ὥσπερ καὶ κατ' ἀρχάς ὡμολογοῦμεν.*[1]) Die Götter werden den Gerechten und Tugendsamen nicht vernachlässigen (613 B). Ihm winkt ein schöner und sicherer Lohn, der herrlichste Tugendpreis wird ihm nämlich erst nach dem Tode zu teil (614 A). In einer längeren mythischen Erzählung wird nun das Leben der Seele nach dem Tode geschildert, womit das ganze Werk seinen Abschluss gefunden hat.

Allgemeine Übersicht.

Das erste Buch sucht eine Definition der *δικαιοσύνη* zu geben ganz in derselben elementaren Methode, wie man sie in Laches, Charmides, Euthyphron findet. Von der populären Anschauung eines biederen Laien, des Kephalos, wird ausgegangen und

---

[1]) Vgl. II, 363 A f., wo Adeimantos die zeitlichen und ewigen Vorteile der *δικαιοσύνη* auseinander setzt.

an diese die Ansicht des Dichters Simonides geknüpft, womit übergeleitet ist zur Lehre der Sophisten, die hier Thrasymachus charakteristisch repräsentiert. Die sophistischen Definitionsversuche werden widerlegt und im Gegensatze dazu behauptet, dass Gerechtigkeit nützt und glücklich macht; jedoch bleibt das Wesen des δίκαιον am Schlusse noch als offene Frage bestehen.

Nach diesen einleitenden Untersuchungen, nimmt das zweite Buch jene offene Frage nach dem Begriffe des δίκαιον wieder auf; jedoch wird ausser diesem nächsten Zwecke eine weitere Betrachtung geplant, indem dargestellt werden soll, welche Wirkung das δίκαιον und ἄδικον in der Seele des Menschen übt. Die Entstehung des δίκαιον wird zuerst nach den Grundsätzen der Sophisten gezeigt. Dieses kommt nämlich, meinen sie, durch gegenseitigen Vertrag der Schwachen und Starken zu Stande. Es enthalte eigentlich eine Schwäche der Menschen und widerspreche dem vernünftigeren Naturrechte, wo der Stärkere über den Schwächeren herrscht.[1]) Eine erfolgreiche Wendung dieser Untersuchung tritt ein, als Sokrates den Vorschlag macht, das vorliegende Thema in der Betrachtung des Staates näher zu verfolgen. Nach einer kurzen Schilderung der Entstehung desselben zeigt er die Notwendigkeit eines Kriegerstandes, der φύλακες. Diese müssen, um ihrer Aufgabe, der Erhaltung der staatlichen Freiheit zu entsprechen, eine richtige Erziehung geniessen in Musik und Gymnastik. Zur Musik gehören auch Mythologie und Poesie. Durch einen guten, würdigen und wahren Inhalt dieser Unterrichtsgegenstände sollen die φύλακες die richtigen Vorstellungen von den Göttern gewinnen, d. h. die Tugend der ὁσιότης ausbilden. Sie sollen ferner, wie im dritten Buche weiter gefahren wird, die richtige Anschauung über das Leben im Hades bekommen, damit sie den Tod nicht fürchten und tapfer werden. Auch Besonnenheit und Selbstbeherrschung, σωφροσύνη, sollen sie an den guten Beispielen einer geläuterten Lektüre in sich ausbilden und eben aus diesen Mythologien die rechten Grundsätze im Verkehre mit den Menschen sich aneignen, d. h. die δικαιοσύνη sich erwerben. Auch die Pflege der eigentlichen Musik wirkt veredelnd und verschönernd auf den

---

[1]) Diese Erörterungen stimmen mit denen im Gorgias überein. Da nun dieselben hier dazu dienen, das Wesen der δικαιοσύνη zu finden, so glaube ich hiemit eine Bestätigung dafür zu haben, dass ich in meiner oben erwähnten Dissertation als den schriftstellerischen Zweck des Gorgias die Bestimmung des Begriffes der δικαιοσύνη richtig angegeben habe.

Charakter. Der zweite Unterrichtsgegenstand, die Gymnastik, soll nicht bloss den Körper ausbilden, sondern auch den mutvollen Teil der Seele, das ϑυμοειδές. Musik und Gymnastik müssen zu einer harmonischen Ausbildung vereinigt sein. Aus diesen so erzogenen φύλακες gehen die Herrscher des Staates hervor. Da alle den gleichen Bildungsgang durchgemacht haben, so sind zu Herrschern zwar die Tüchtigsten, aber diese aus den Älteren zu nehmen.

Ein höherer Standpunkt tritt mit dem vierten Buche ein, wo an die Herrscher die Forderung gestellt wird, dass sie die σοφία besitzen sollen, die politische Weisheit. Die übrigen Tugenden erfahren eine Steigerung ihres Inhaltes und eine bestimmtere Definition. Die ἀνδρεία war oben die richtige Vorstellung vom Leben im Hades, sie war Furchtlosigkeit, hier dagegen ist sie die Kraft und Energie des Menschen, die richtigen Vorstellungen des Furchtbaren stets zu bewahren und im praktischen, politischen Leben zu bethätigen. Oben ist nur der Erfolg des Unterrichtes dargethan, hier im vierten Buche wird die Anwendung jenes gewonnenen Resultates betont. Die σωφροσύνη ist die Unterordnung der Niederen unter die Höheren, oben bedeutete σωφροσύνη nur die Unterordnung oder Bezähmung der Lüste, sie war Selbstbeherrschung. Hier im vierten Buche ist sie in die praktische Politik übertragen, während sie vorher nur den Erfolg des Unterrichtes im einzelnen Menschen bezeichnete. Die δικαιοσύνη war oben nur die Tugend des guten Verkehrs mit anderen genannt, jetzt besteht sie darin, dass jeder Stand das Seine thut. Kurz, die durch den musikalisch-gymnastischen Unterricht gewonnenen Tugenden werden im vierten Buche in das werkthätige, politische Leben versetzt.

Diese vier Tugenden finden sich auch in der Seele. Das λογιστικόν besitzt die Weisheit, das ϑυμοειδές die Tapferkeit. Die Unterordnung der niederen Seelenteile unter den vernünftigen ist σωφροσύνη. Wenn jeder Seelenteil das Seine thut, ensteht δικαιοσύνη. Die Verletzung und Störung dieser inneren friedlichen Beziehungen heisst ἀδικία. Als das höchste Ziel der Ausbildung der φύλακες und Herrscher erscheint der zuletzt erwähnte tugendhafte Charakter der Seele, in welcher die σοφία, die Erkenntnis des Guten, jedem Seelenteile das richtige Ziel der Thätigkeit angibt. Weiter oben ist die Tüchtigkeit nach aussen, im bewegten Staatsleben gezeigt und dies alles als das Resultat der musikalisch-gymnastischen Erziehung dargestellt. Die innere Seelenverfassung des Menschen und seine äussere Thätigkeit sollen mit einander übereinstimmen. Soviel es also Staatsformen gibt, ebenso viele Seelenarten findet man, Individuum und Staat verhalten sich wie der Teil zum Ganzen, jenes zeigt die staatlichen Verhältnisse im Kleinen, dieser gibt uns ein Bild der menschlichen Seele im Grossen. Diese parallele Behandlung des Einzelnen im Vergleiche zum Ganzen zieht sich durch das ganze Werk. Diese vergleichende Absicht wird deutlich genug ausgesprochen [1]) und am Ende des vierten Buches ist bestimmt hervorgehoben, dass es fünf Arten von Staatsformen gebe, denen eine gleiche Anzahl Seelenarten entsprechen.[2]) Das ist nun die beste Verfassung, in welcher der einzelne so erzogen und die Stände des Staates in ein solches Verhältnis zu einander gesetzt werden, wie oben dargethan ist. Die im Vorausgehenden geschilderte Verfassung ist gegeben im Königtume und in der Aristokratie, alle anderen sind schlecht und verfehlt. Die Aufgabe dieser aristokratischen Herrscher ist in allgemeinen Zügen angegeben: Sie sollen die Freiheit und den Umfang des Staates zu erhalten und die innere Ordnung und Unterordnung der Staatsglieder zu wahren suchen. Hauptsächlich liegt ihnen ob, die körperliche und geistige Erziehung zu überwachen, damit eine gesunde Generation heranwächst und tüchtige Charaktere gebildet werden. Die natürliche Grundlage hiefür findet Plato in der Weiber- und Kindergemeinschaft, d. h. in der rationell geregelten Fortpflanzung und in der einheitlichen vom Staate geleiteten Kindererziehung. Ausserdem sollen die φύλακες zusammen wohnen und gemeinschaftlich speisen. Keiner von ihnen soll Privatbesitz haben, ihren Unterhalt liefert der dritte Stand.

Im fünften Buche wird die Gemeinschaft der Weiber genauer erörtert. Sie haben im Staate dieselben Dienste zu leisten wie die männlichen φύλακες und erhalten daher die nämliche Erziehung. Auch die Kinder werden mitgenommen in den Krieg und frühzeitig an Gefahren und Anstrengungen gewöhnt. So ist eine grosse, einheitliche Wächterfamilie geschaffen, deren einzelne Glieder nicht von der Sorge um ihre Nachkommen und deren Ausbildung in Anspruch genommen sind, noch um die Erhaltung eines Besitztums oder um den täglichen Unterhalt sich zu kümmern brauchen. Da diese Familienglieder andererseits durch die Gleichheit ihrer Bestrebungen und

---

[1]) Vgl. Polit. II, 368 E.
[2]) Vgl. Polit. IV, 445 D.

Lebensverhältnisse einander befreundet sind, so ist durch diese platonische Einrichtung ein Stand gebildet, der sich besonders für die grosse Aufgabe eignet, mit tapferem und aufopferungsfähigem Mute das Vaterland zu schirmen. Hiemit ist die Aufgabe der φύλακες und deren Ausbildung abgeschlossen. Aus den φύλακες ging der Herrscherstand hervor, welchem schon im vierten Buche die σοφία, die Tugend der politischen Weisheit, als notwendig zugeschrieben wurde. Diese σοφία ist aber nur durch die Philosophie zu erringen, also, fordert Plato, müssen die Herrscher Philosophen sein. Sie müssen die ewige Wahrheit zu erkennen suchen; nicht bloss eine Vorstellung von Recht und Unrecht besitzen, sondern tiefe und gründliche Kenntnis der idealen Wahrheiten sich erwerben. Wir erhalten so einen zweiten höheren Erziehungskursus für den Stand der Herrscher.

Im sechsten Buche werden zunächst prinzipielle Vorfragen erörtert. Plato begegnet hier den Vorurteilen und der Abneigung der grossen Menge den Philosophen gegenüber. Er zeigt, dass die Philosophen die geeignetsten Herrscher sind, weil sie die beste und höchste Einsicht, die Erkenntnis der Wahrheit besitzen. Wenn sich schlechte Resultate der philosophischen Erziehung irgendwo zeigen, so kann nicht diese Wissenschaft verantwortlich gemacht werden, sondern die persönlichen Verhältnisse des Zöglings. Diese letzteren müssen vielmehr, wenn sie den philosophischen Bildungsgang durchmachen sollen, besondere, gute Anlagen besitzen, um in die mathematischen Wissenschaften eindringen und den hohen Flug zu den unsterblichen Ideen machen zu können.

Im siebenten Buche ist der eigentliche Bildungsgang zur Philosophie im einzelnen vorgeschrieben. Diejenigen, welche schon in der frühesten Jugend die zur höheren Bildung notwendigen Eigenschaften zeigen, werden aus den anderen Kindern besonders ausgelesen für einen eigenen Bildungskursus. Hier werden sie anfangs mehr spielend in die mathematischen Wissenschaften eingeführt. Aber mit dem zwanzigsten Lebensjahre beginnt das tiefere, ernstere Studium bis zum dreissigsten Lebensjahre. Jedoch sollen sie nicht ausschliesslich sich der wissenschaftlichen Spekulation widmen; sie werden nämlich, um den Körper nicht hinsiechen zu lassen, von nun an wieder gymnastische Übungen machen und vom fünfunddreissigsten Lebensjahre an Ämter bekleiden, um das praktische Staatsleben und seine Bedürfnisse durch eigene Erfahrung kennen zu lernen.

LXXXVII

Mit dem fünfzigsten Jahre sollen sie sich den höchsten philosophischen Studien hingeben, doch den Staat dabei nicht aus den Augen verlieren, der in Notfällen ihren Rat und ihre Unterstützung beanspruchen wird. Mit diesen letzten Auseinandersetzungen ist die Ausbildung der vollkommenen Herrscher und die Darstellung des besten Staates vollendet. Die Form dieses Staates ist das Königtum oder die Aristokratie. Derselbe hat in der gesunden Entwicklung des Individuums, in der vernünftigen Ausbildung der φύλακες und der wissenschaftlich-praktischen Erziehung des Herrscherstandes seine festen Grundsäulen. Plato betrachtet im achten Buche die Entwicklung gesunder, kräftiger Naturen so sehr als die natürliche und erste Grundlage seines Staates, dass er den Verfall des besten Staates gerade aus dem Umstande herleitet, dass die Herrscher irgend einmal aus Unwissenheit ungeeignete eheliche Verbindungen schliessen lassen, wodurch weniger treffliche und gesunde Naturen als neue Bestandteile des Staates hinzu kommen.

Die erste verfehlte Verfassung also, die aus diesem Fehler hervorgeht, ist die Timokratie, welcher sich in immer verschlechtertem Zustande die Oligarchie, Demokratie und schliesslich die Tyrannis anschliessen. Mit diesem politischen Verfalle der Verfassungen ist zugleich der jeder einzelnen Staatsform entsprechende Seelenzustand des Individuums dargestellt gemäss der Anlage des ganzen Werkes, welches ja den Staat als eine Summe von Individuen betrachtet, so dass Psychologie und Politik sowohl neben einander behandelt werden, als auch wechselseitig auf einander einwirken.

Diesen Abstufungen in der Vortrefflichkeit der Verfassungen und der Seelenarten entsprechen auch, wie im neunten Buche ausgeführt ist, die einzelnen Grade der Glückseligkeit des Menschen. Wessen Seele so ausgebildet ist, wie es im besten Staate oben bei den Herrschern und Königen der Fall war, der ist ein ἀνὴρ βασιλικός, ein Mann, der königliche Bildung besitzt. Da er die vollkommenste Ausbildung erfahren hat, ist er auch der glücklichste. Am unglücklichsten dagegen ist der τυραννικός, der ein Sklave seiner Leidenschaften ist und nie eine wahre Freude geniesst. Dieses neunte Buch beantwortet jene Fragen des ersten Buches endgiltig, ob das Leben des δίκαιος nützlicher und glücklicher sei als das des ἄδικος.

Nachdem nun der vollkommene Staat und dessen stufenweise Entartung dargestellt und zu gleicher Zeit die höchste Glückseligkeit des einzelnen Individuums im engsten Anschlusse an die staatliche Entwicklung als die Erkenntnis der Idee des Guten nachgewiesen ist, so ist man im Anfange des zehnten Buches überrascht, noch einmal von der Unzulässigkeit der dramatischen Poesie zu hören, die doch schon an mehreren Stellen der vorausgehenden Bücher verworfen war.¹) Dieses wiederholt aufgeworfene Thema wird jedoch von einem neuen, höheren Standpunkte aus besprochen. Es wird der Massstab der Ideenlehre an dasselbe angelegt und gezeigt, dass die dramatische Poesie nicht Wahrheit lehrt und nicht die Erkenntnis der Idee des Guten bewirkt. Sie ist als eine Spielerei, nicht als ein erziehendes und belehrendes Moment zu betrachten, sie schadet infolge dessen mehr als sie nützt. Aus der poetischen Darstellung sollen nur, wie schon im dritten Buche hervorgehoben war, Götterhymnen und Loblieder auf ausgezeichnete Männer zulässig sein.

An diese Verherrlichung der Götter und der trefflichen Männer schliesst sich der Nachweis von der Unsterblichkeit der Seele und deren Leben im Jenseits in einer mythischen Darstellung des Lohnes und der Strafe der Gerechten und Ungerechten.

---

¹) Vgl. Schleiermacher „Pl. W." III, 1 Einl. p. 55.

Methode und Zweck des Dialoges.

Das Gespräch beginnt in einfacher und natürlicher Weise, gleichsam unabsichtlich, wie ja bekanntlich der Lauf der gesellschaftlichen Gespräche oft auf die schwierigsten und höchsten Probleme führt, ohne dass wir wissen, welches die Veranlassung dazu gewesen ist. Sokrates, der im Hause des Kephalos freundlich aufgenommen ist, begrüsst den greisen Hausvater und befragt sich nach seinem Befinden. Sie sprechen vom Alter und seinen Beschwerden und heben hervor, dass man in dieser Zeit des Lebens mehr als sonst an den Tod und an das Leben im Hades denkt. Ruhe und Trost verleiht dabei das Bewusstsein eines gerechten Lebens. Damit ist schon das philosophische Gebiet betreten. Der alte Kephalos tritt nun zurück und Jüngere übernehmen die Rolle der Sprechenden. Die Definitionen bewegen sich anfangs in ganz elementaren, populären Anschauungen. Wir finden im ersten Buche und im Anfange des zweiten den Standpunkt des Dialoges Gorgias wiedergegeben. Hier wie dort werden die gleichen politisch-sophistischen Grundsätze widerlegt; in beiden Dialogen wird der Begriff der δικαιοσύνη gesucht. Im Gorgias jedoch erscheint sie als ἐπιστήμη τοῦ ἀγαθοῦ, wodurch, wie ich anderswo gezeigt zu haben glaube, die Identität aller Tugenden nachgewiesen wird; hier in der Politeia wird sie psychologisch bestimmt und als ein gewisser Charakter der menschlichen Seele dargestellt. Wiewohl also in beiden Gesprächen die besprochenen Gedanken die nämlichen sind, so ist doch, wie wir sahen, der schriftstellerische Zweck ein verschiedener. Im Gorgias handelt es sich um die richtige philosophische Begriffsbestimmung, hier wird uns in rein genetischer Weise die Entstehung und Entwicklung der Tugenden sowohl im einzelnen Menschen als auch im Staate vor Augen geführt. Diese Heranbildung zur Tugend geschieht durch einen gut geregelten Unterricht in Musik und Gymnastik.

In den ersten Büchern des Staates hat es den Anschein, als ob Plato darauf ausginge, das Wesen der δικαιοσύνη zu finden, überhaupt die Tugendlehre zu behandeln. Am Schlusse des ersten Buches sagt Sokrates (354 B): πρῶτον εὑρεῖν τὸ δίκαιον ὅ τι ποτ' ἐστίν. Bis zum zweiten Buche (368 E) wird diese Untersuchung theoretisch fortgeführt. Von nun aber wird die Erörterung ins praktische Gebiet des Staatslebens übertragen. Die Untersuchung über das Wesen der δικαιοσύνη wird hier noch als schriftstellerischer Zweck des ganzen Werkes hervorgehoben (vgl. II, 368 E). In den folgenden Büchern aber erscheint die Erziehung der φύλακες zu jeglicher Tugend, die Ausbildung des Wächter- und Herrscherstandes als Zweck der Erörterung. Die anderen Tugenden, ἀνδρεία, σωφροσύνη, σοφία, werden nicht in geringerem Grade berücksichtigt und erklärt. Nicht die δικαιοσύνη ist nunmehr das Ziel der Darstellung, sondern *die Organisation und Ausbildung des Staates*. Dies geht deutlich aus den Worten Platos hervor. Im fünften Buche (472 B) wird als Zweck der Erörterung der Nachweis der Möglichkeit der dargestellten Verfassung bezeichnet (πῇ δυνατὴ γίγνεσθαι αὕτη ἡ πολιτεία). An der nämlichen Stelle wird auch der wahre Plan des Werkes gekennzeichnet, indem die Darstellung der besten Verfassung nunmehr als der Hauptzweck hervortritt,[1]) während die Betrachtung der δικαιοσύνη nur als vorbereitend und grundlegend angesehen werden kann, sie erscheint als Fundament des besten Staates,[2]) das eher angelegt sein muss als der Oberbau (οὐκοῦν, ἦν δ' ἐγώ, πρῶτον μὲν τόδε χρὴ ἀναμνησθῆναι, ὅτι ἡμεῖς ζητοῦντες δικαιοσύνην οἷόν ἐστι καὶ ἀδικίαν δεῦρο ἥκομεν 472 B). Es wird ferner erwähnt, dass die Darstellung der δικαιοσύνη und des ἀνὴρ δίκαιος nur als vergleichendes Musterbild zur Nachahmung für alle aufgestellt worden sei (παραδείγματος ἄρα ἕνεκα, ἦ δ' ἐγώ, ἐζητοῦμεν αὐτό τε δικαιοσύνην οἷόν ἐστι, καὶ ἄνδρα τὸν τελέως δίκαιον … καὶ ἀδικίαν αὖ καὶ τὸν ἀδικώτατον 472 C). Nicht deshalb sei diese ethische Untersuchung gepflogen worden, um die Möglichkeit der geschilderten Verfassung zu zeigen (ἀλλ' οὐ τούτου ἕνεκα, ἵν' ἀποδείξωμεν ὡς δυνατὰ ταῦτα γίγνεσθαι 472 D). Diese Möglichkeit wird vielmehr erst im Folgenden erörtert, wo dieselbe nur unter der Bedingung

---

[1]) Es ist ein charakteristisches Zeichen der dialogischen Methode Platos, dass er gleichsam ganz unabsichtlich seine Zwecke erreicht. Er sagt nicht etwa am Anfange des Dialoges: „Heute wollen wir einmal über den Staat sprechen," sondern er geht von den einfachsten Anfängen aus und behandelt die δικαιοσύνη. Später jedoch zeigt sich erst der eigentliche Zweck der Unterredung.

[2]) Ich stimme also mit Teuffel überein, welcher „Studien und Charakteristiken" p. 127 sich ähnlich ausdrückt.

verwirklicht werden kann, dass die Herrscher Philosophen sein werden. Und erst mit der Ausbildung dieser philosophischen Herrscher (vgl. sechstes und siebentes Buch) ist die beste Staatsform wirklich vollendet. Mit der philosophischen Erziehung wird uns zugleich ein höherer Standpunkt der Tugendlehre vorgeführt. Bei der Ausbildung der φύλακες war die Tugend überhaupt auf einer δόξα ἀληθής gegründet, der höhere Tugendbegriff aber muss auf Einsicht (ἐπιστήμη, γνῶσις) beruhen.[1]) Ohne diese Einsicht des Wahren und Guten sind sogar die auf der δόξα ἀληθής fussenden ἀρεταί, wie sie bei der Erziehung der φύλακες oben dargestellt waren, ohne allen Nutzen, was schon im Euthydem näher ausgeführt ist. Auf jene unzureichende Tugenddarstellung bezieht sich Plato im sechsten Buche (504 B ff.) καὶ οὕτω δὴ ἐρρήθη τὰ τότε τῆς μὲν ἀκριβείας, ὡς ἐμοὶ ἐφαίνετο, ἐλλιπῇ κτλ. Nun soll aber durch die Darstellung der philosophischen, auf Wahrheit und Einsicht gegründeten Tugend jener Mangel ersetzt werden (ἀτελὲς γὰρ οὐδὲν οὐδενὸς μέτρον VI. 504 C). Einen gleichen Fortschritt zum Höheren bemerken wir in der Auswahl und Aufstellung der Herrscher. Im dritten Buche werden aus den älteren φύλακες die tüchtigsten zu Herrschern genommen, dazu ist aber dort schon bemerkt, dass diese Auswahl vorläufig nur im Umrisse (ὡς ἐν τύπῳ) und noch nicht mit eingehender Genauigkeit vor sich gehe (δι' ἀκριβείας III, 414 A). Im fünften, sechsten und siebenten Buche wird diese genauere und sorgfältigere Auslese der zur Herrschaft Berufenen bethätigt. Der Herrscher muss nicht eine blosse Vorstellung, sondern eine klare Einsicht in die Idee des Guten besitzen. Er hat auch eine andere wissenschaftlichere Bildungslaufbahn zurückzulegen, wie die φύλακες, kurz er steht nun eine Stufe höher als jene, auf dem erhabenen Standpunkte der Philosophie (Vgl. VII, 536 A).

Wie wir sahen, ging die Methode der Darstellung von den populär-sophistischen Grundsätzen des ersten Buches aus, worin wir nur eine Überleitung zur Betrachtung des Staates sehen können. Zuerst wird eine Schilderung des Naturstaates gegeben. Allmählich bilden sich zwei Stände heraus, von denen die φύλακες der höhere

---

[1]) Die deutlichen Beziehungen einzelner Partien der Politeia zu Protagoras, Laches, Charmides, Euthyphron, Gorgias, Euthydem und Menon sind im Laufe der obigen Inhaltsangabe in den Anmerkungen hervorgehoben Auf eine genauere Vergleichung mit den übrigen Dialogen musste ich verzichten.

ist. Dieser Kriegerstand erhält eine musikalisch-gymnastische Erziehung. Seine Tugendbildung beruht aber nur auf einer aus Unterricht und Lektüre erworbenen *richtigen Vorstellung*. Soll jedoch der Staat vollkommen werden, so müssen die aus den φύλακες genommenen Herrscher nicht eine blosse Vorstellung des Richtigen und Guten haben, sondern eine wirkliche Einsicht, sie müssen σοφοί, Philosophen werden. Dieser zweite Lehrkursus der heranzubildenden philosophischen Herrscher steht viel höher, als jener erste Bildungsgang der φύλακες in Musik und Gymnastik. In diesem zweiten werden die schwierigsten Probleme der platonischen Philosophie besprochen. Nach diesem erhabenen Mittelpunkte des Werkes folgt im achten und neunten Buche eine Schilderung der allmählichen politischen Verschlechterung. Ich nenne daher die Methode Platos in der Darstellung des Werkes eine *genetische* und als den Zweck des Ganzen bezeichne ich die *Schilderung der besten Staatsverfassung*[1]) nicht auf Grund formaler Gesetze, sondern der entsprechenden moralischen Tüchtigkeit aller.

Dies bestätigt ausser den weiter oben angeführten Stellen der Politeia auch der Eingang des Timäus. Hier äussert sich Sokrates folgendermassen: χθές που τῶν ὑπ' ἐμοῦ ῥηθέντων λόγων περὶ πολιτείας ἦν τὸ κεφάλαιον, οἷά τε καὶ ἐξ οἵων ἀνδρῶν ἀρίστη κατεφαίνετ' ἄν μοι γενέσθαι (17 C). Ausserdem: ἀκούοιτ' ἂν ἤδη τὰ μετὰ ταῦτα περὶ τῆς πολιτείας, ἣν διήλθομεν (19 B). Man vergleiche noch Aristoteles Polit. V, 10: τῆς τε γὰρ ἀρίστης πολιτείας καὶ πρώτης οὔσης οὐ λέγει τὴν μεταβολὴν ἰδίως. Ferner Cicero de legg. I, 5: scriptum est a te (Cicerone) de optimo rei publicae statu... Sic enim fecisse video Platonem illum tuum, quem tu admiraris.

---

[1]) Schleiermacher „Pl. W." III, 1 Einl. p. 54, nennt als Hauptzweck der Politeia „die Vorzüglichkeit des sittlichen Lebens". Die Darstellung des vollkommensten Staates sei nur als Bild hinein verwoben. K. Fr. Hermann „Gesch. und Syst." p. 540: „Der Kern des Gespräches (zweites, drittes und viertes Buch, ferner achtes und neuntes Buch) gibt eine Analogie des Staates als eines Menschen im Grossen und des Menschen als eines Staates im Kleinen sowohl in Hinsicht auf das Ideal der sittlichen Harmonie selbst, als auf die Entartungen, die aus dem Uebergewichte des unvernünftigen Teiles hervorgehen." Susemihl „Genet. Entw. der pl. Phil." II, p. 64, hält es mit Steinhart, dass in der Idee des Guten selbst, als Prinzip der sittlichen Weltordnung, der höchste Einheitspunkt ist und in der Gesamtheit ihrer verschiedenen Manifestationen der Inhalt des Dialoges liegt.

Die zehn Bücher der Politeia umfassen die ganze platonische Philosophie. Die höchsten Probleme der Ideenlehre und erkenntnistheoretischen Spekulationen sind behandelt neben der Psychologie, Ethik und Politik, indem von ganz einfach populären Anschauungen ausgegangen wird. Diese einzelnen Lehren finden wir auch in gesonderten Dialogen als eigene Untersuchungen dargestellt. In der Politeia vereinigen sich diese vereinzelten Darstellungen zu einem organischen Ganzen, welches von einer gemeinverständlichen Grundlage ausgeht und sich zum strahlenden Lichte der Wahrheit und der Ideen erhebt, um von diesen aus Einsicht und Glück herab auf die Welt, in den Staat und die Seele des einzelnen Menschen zu bringen.

Die Form der Politeia.

Die Überlieferung der platonischen Schriften zeigt uns, dass die einzelnen Dialoge mit zwei, meistens sogar mit drei Titeln versehen sind.[1]) So ist beispielsweise die dritte Tetralogie im Clarkianus folgendermassen überschrieben:

Παρμενείδης ἢ περὶ ἰδεῶν · λογικός.
Φίληβος ἢ περὶ ἡδονῆς · ἠθικός.
Συμπόσιον ἢ περὶ ἔρωτος · ἠθικός.
Φαῖδρος ἢ περὶ καλοῦ · ἠθικός.

Im Vaticanus Θ ist die Politeia bezeichnet mit:
Πλάτωνος πολιτεῖαι ἢ περὶ δικαίου.

Diese Bezeichnungen gehen bis in die Anfänge der römischen Kaiserzeit zurück. Diogenes Laertius berichtet uns,[2]) dass Thrasylus die platonischen Dialoge mit zwei Überschriften versehen habe, die eine war ein Name, die andere eine Inhaltsbezeichnung. Zu diesen zwei Bezeichnungen fügt Diogenes noch eine dritte die von der Form der philosophischen Darstellung hergenommen ist.[3]) Die Politeia wird demnach so überschrieben: *Πολιτεία ἢ περὶ δικαίου, πολιτικός*. Aus diesem Berichte des Diogenes sehen wir, dass nicht Plato selbst die Politeia in dieser dreifachen Form überschrieben hat; vielmehr müssen wir annehmen, dass er nur den ersten Titel anwendete; denn Aristoteles citiert diese Schrift nur mit dem Ausdrucke πολιτεία[4]) und Cicero erwähnt sie unter dem Titel *de re publica*.[5]) Die Überschrift περὶ δικαίου ist daher als eine in späterer Zeit von den Interpreten Platons gemachte Inhaltsangabe anzusehen. Diogenes Laertius schreibt sie dem Thrasylus zu.

---

[1]) Vgl. M. Schanz „Novae comm. Plat.," Clarkiani libri descriptio p. 111 f. und „Studien zur Gesch. des pl. Textes" p. 2 f.
[2]) Diog. Laert. vita Platonis III, 57: διπλαῖς δὲ χρῆται ταῖς ἐπιγραφαῖς ἑκάστου τῶν βιβλίων· τῇ μὲν ἀπὸ τοῦ ὀνόματος, τῇ δὲ ἀπὸ τοῦ πράγματος.
[3]) Man vergleiche die Einleitung.
[4]) Aristot. Polit. V, 10: Ἐν δὲ τῇ Πολιτείᾳ λέγεται μὲν ... ὑπὸ τοῦ Σωκράτους u. a. m. (Didot'sche Ausgabe, Paris 1862.)
[5]) Cicero de legg. II, 6: qui princeps *de re publica* conscripsit.

Der platonische Staat ist in zehn Bücher eingeteilt. Mit dem Kapiteleinschnitt ist aber nicht jedesmal ein Gedankenabschnitt gegeben; vielmehr wird an mehreren Stellen der kontinuierliche Gedankenzusammenhang durch diese äussere Gliederung zerrissen. Ein besonders deutlicher Abschnitt der Gedankenentwicklung ist bemerklich nach dem ersten Buche, ferner nach dem vierten, siebenten und neunten. Geradezu eine Zerreissung des Gedankenflusses findet sich im Übergange vom zweiten zum dritten Buche, alsdann vom achten auf das neunte. Eine erträgliche Abteilung ist gemacht nach dem dritten Buche, ebenso nach dem fünften und sechsten. Schon Schleiermacher[1]) konnte eine so „mechanische gar nicht gliedermässige Zerstückelung" nicht als eine Anordnung des Plato annehmen. Man müsse ja, fährt er fort, diese Einteilung ganz bei Seite lassen, wenn man nicht in Verwirrung geraten wolle. Da die Bücher an Umfang einander ziemlich gleich seien, so könne sich die Sache leicht so verhalten, dass man den ersten bedeutenden Abschnitt als Massstab angenommen und so viele Teile gemacht habe, als sich in ziemlicher Gleichheit mit diesem ergeben wollten, ein Verfahren, meint Schleiermacher, wobei man offenbar nur die Abschreiber und Büchersammler im Auge haben könne. Dieser Ansicht huldigt auch Teuffel,[2]) der ebenfalls diese Einteilung in zehn Bücher nicht von Plato herrühren lässt, sondern wohl von alexandrinischen Gelehrten. Den besten Beweis hiefür, sagt er, liefere die Einteilung selbst, da sie keineswegs geschickt und mit Wendepunkten der Gedankenentwicklung zusammen fallend sei, sondern überwiegend durch die Rücksicht auf die Gleichheit des Umfanges der einzelnen Teile bestimmt scheine.

Diesen Ansichten möchte ich noch folgendes beifügen, was ihnen vielleicht ein grösseres Gewicht verleihen könnte. In den zahlreichen, auf vorhergehende Erörterungen zielenden Verweisungen, die in der Politeia sich finden, ist auf diese Büchereinteilung nicht Bezug genommen, die ja auch für ein lebendig dargestelltes Gespräch an sich schon nicht passend wäre. Ferner findet sich diese Art der Gesprächsabteilung in keinem anderen Dialoge, als in den *Nomoi*, die jedoch bekanntlich nicht von Plato selbst herausgegeben worden sind. Plato hätte, wie wir behaupten dürfen, die Gliederung in angemessenerer

---

[1]) Vgl. „Pl. W." III, 1 Einl., p. 4 f.
[2]) Vgl. „Studien und Charakteristiken" p. 136.

Weise gemacht. Die Citate des Aristoteles, worin die platonische Politeia erwähnt wird, nennen weder eine Abteilung in Büchern noch lassen sie auf eine solche schliessen;¹) jedoch bezeichnet Cicero schon in seinen Verweisungen auf Plato die Politeia als ein in Bücher geteiltes Werk.²) Noch deutlicher aber wird von der Büchereinteilung im Diogenes Laertius geredet, der sie schon als herkömmliche Überlieferung betrachtet.³) Es ist also nahezu als erwiesen anzunehmen, dass nicht Plato selbst sein politisches Werk in Bücher eingeteilt hat, sondern erst die alexandrinischen Gelehrten.

Wenn wir auch die uns überlieferte Einteilung der Politeia in zehn Bücher nicht als platonisch ansehen können, so sind auch ohne diese Einteilung in Bücher doch deutliche und die Übersicht erleichternde Gedankeneinschnitte wahrzunehmen. So tritt nach den Erörterungen des ersten Buches ein Ruhehalt ein, der sich dadurch kennzeichnet, dass das Ergebnis der vorausgehenden Untersuchung formuliert und als noch ungelöste Frage das Wesen der δικαιοσύνη hingestellt wird. Auch äusserlich ist dieser Haltpunkt kenntlich gemacht dadurch, dass Sokrates meint, das Gespräch sei nun zu Ende und als es doch fortgesetzt wird, das erste Buch gleichsam ein Proömium des Dialoges nennt. Das zweite, dritte und vierte Buch sind aus *einem* Gedankengusse und behandeln die Ausbildung der φύλακες, aus denen die Herrscher genommen werden sollen. Das fünfte, sechste und siebente Buch bilden dadurch eine zusammen gehörige Reihe, weil sie die Erziehung und Bildung der vollkommenen Herrscher, der philosophischen Regenten, zum Gegenstande haben. Ebenso nahe gehören das achte und neunte Buch zusammen, weil sie eine Darstellung der verfehlten Verfassungen geben. Für sich allein steht das zehnte Buch. Jedoch schliesst sich sein mythischer Inhalt, der uns das Leben der Seele nach dem Tode schildert, harmonisch an das erste Buch an, wo Kephalos sagt,

---

¹) Aristoteles Polit. V, 10: ἐν δὲ τῇ Πολιτείᾳ λέγεται... ὑπὸ τοῦ Σωκράτους. VIII, 7: ὅ δ' ἐν τῇ πολιτείᾳ Σωκράτης. IV, 5: ὥσπερ Πλάτων ἐν ταῖς Πολιτείαις. II, 1: ὥσπερ ἐν τῇ πολιτείᾳ τῇ Πλάτωνος. II, 2 und II, 3. Rhetor. III, 4: καὶ τὸ ἐν τῇ Πολιτείᾳ τῇ Πλάτωνος. Magn. Mor. I, 34, 10.
²) Cicero de rep. IV, 4 inprimis quod (Plato) *in libris civilibus* omnia omnibus voluit esse communia.
³) Diog. Laert. III, 57: τῆς μὲν Πολιτείας εἰς δέκα διαιρουμένης... τῶν δὲ Νόμων εἰς δυοκαίδεκα. Ebenso bei Suidas s. v. Πλάτων.

dass ein gutes Gewissen ein Trost im Alter sei und frohe Hoffnung auf das Jenseits gewähre. Die Gruppierung der Bücher würde sich dem Inhalte nach so gestalten: 1—2, 3, 4—5, 6, 7,—8, 9—10. Diese Gliederung der Politeia ist fast allgemein anerkannt. Jedoch besteht noch eine grosse Meinungsverschiedenheit in anderen Beziehungen. Man ist noch nicht einig über die Entstehungsart des ganzen Werkes, über die Abfassungszeit der einzelnen Bestandteile und über den Zusammenhang des philosophischen Inhaltes.

Während Schleiermacher [1]) noch entschieden an der Einheit des Werkes und dessen ununterbrochenen inneren Gedankenzusammenhang festhält, hat K. Fr. Hermann zuerst [2]) das erste Buch der Politeia mit Rücksicht auf die Ähnlichkeit der Behandlung des Gegenstandes, der „nüchternen Begriffsklitterung", mit Charmides und Laches als „ein ursprünglich für sich bestehendes Werk" angesehen, das Plato später als Einleitung zum Staate benützt habe. Der Satz, mit welchem Munk diese Ansicht Hermanns kurz abweist, ist sehr anmutend. Er sagt a. a. O. p. 290: „Überhaupt glauben wir dem Plato so viel Produktivität zutrauen zu müssen, dass wir nicht annehmen dürfen, er habe zu dem bedeutendsten seiner Werke keine eigene Einleitung schreiben können, sondern habe ein längst bekanntes Gespräch, das er in seiner Jugend verfasst, wieder hervorgesucht und es noch einmal als Einleitung zum Staate dem Leser aufgetischt." K. Fr. Hermann behauptet weiter (p. 539), es sei unmöglich, dass das zweite, dritte und vierte Buch zu gleicher Zeit entstanden seien wie das erste; denn die sokratische Zergliederung des Begriffes im ersten Buche sei von der politisch-psychologischen Betrachtung der drei folgenden Bücher zu sehr verschieden, als dass man an eine gleichzeitige Abfassung denken könne. Der übrige Körper des Gespräches trage die deutlichsten Spuren einer Entstehung in verschiedenen Zeiten an sich, eine successive Abfassung des Dialoges nimmt er nicht an. Das fünfte, sechste und siebente Buch seien *offenbar* erst später eingeschoben. Das zehnte Buch endlich sei erst nach geraumer Zeit zu den vorigen hinzu gekommen. Daran knüpft er die Bemerkung, dass, *wenn es die Sache verlangt (!),* man bei der grossen Schriftstellerperiode des Plato den Schluss zwanzig und mehr Jahre später setzen könne als z. B. den

---

[1]) a. a. O. III, 1 Einl. p. 5 f.
[2]) a. a. O. p. 538 f.

Anfang des zweiten Buches. Alle diese Sätze *behauptet* Hermann bloss, er *beweist* sie aber nicht. Ganz treffend urteilt darüber Teuffel a. a. O. p. 136: „Dergleichen Annahmen beruhen immer auf Wahrnehmungen und Empfindungen, die für andere nicht völlig überzeugend sind, zumal in diesem Falle, bei einem Werke, das so entschieden *den Eindruck der Einheitlichkeit* macht wie die Politeia."

Steinhart (a. a. O. V, p. 122) glaubt, dass Platon zu sehr verschiedenen Zeiten seines Lebens an unserem Dialoge gearbeitet und die einzelnen Teile erst später zu einem Ganzen vereinigt habe. Diese früheren, unvollkommenen Entwürfe habe er im höheren Mannesalter nach einem umfassenderen Plane und einem tiefer aufgefassten Grundgedanken *umgearbeitet*. Daher komme es, dass einerseits die Einheit des Werkes bewahrt sei, andererseits doch die Verschiedenheit der Bestandteile hervorleuchte (p. 124). Susemihl (a. a. O. II, p. 64) findet diese Ansicht Steinharts von der Entstehung der einzelnen Teile zu verschiedenen Zeiten befremdend, da ja Steinhart selbst die strenge Einheit des Werkes und die genetische Gedankenentwicklung betont und gezeigt habe. Um die Einheit der Politeia, den geschlossenen Zusammenhang des Inhaltes und abgerundete Vollendung kennen zu lernen, verweise ich auf die gründlichen Darstellungen Schleiermachers, Steinharts, Susemihls und auf meine obigen in der allgemeinen Übersicht dargelegten Resultate. Jedoch sind nach dem ausführlichen Werke Susemihls energische Anstrengungen gemacht worden, die vorhin angeführte Anschauung K. Fr. Hermanns von der Zerrissenheit der Politeia wieder zur Geltung zu bringen.

Krohn sagt in seiner Schrift „Der platonische Staat" (Halle 1876), Vorrede p. X: „Der richtige und an der Oberfläche liegende Satz K. Fr. Hermanns, dass der Staat kein einheitliches Werk sei, hat über drei Jahrzehnte warten müssen, bis er hier (in Krohns Schrift) bewiesen ist."

Es ist zuzugeben, dass Plato seine Spekulation auf die Natur des Menschen begründet hat. Wir finden in der That in den ersten Büchern einen Naturstaat konstruiert, die ursprünglichen und natürlichen Begriffe von Recht und Unrecht entwickelt und die Eigenschaften der Seele sehr realistisch sogar mit den ähnlichen Erscheinungen der Tiere verglichen. Auf diesem Realismus bleibt jedoch Plato nicht stehen. Krohn sagt selbst (p. 8): „Das denkwürdige Schauspiel, wie ein Genius unter dem Drucke der Wirklichkeit vom wetterfesten Realismus stufenweise zur Transcendenz hinauf getrieben wird, ist hier wie in keinem zweiten Buche der Literatur zu beachten." Auch das muss zugestanden werden, dass Plato in der That diesen Gedankenflug macht vom Natürlichen, Elementaren, Allgemeinverständlichen, dann von der Sokratik bis hinauf zu der transcendenten Ideenlehre. Dies ist in der Politeia wirklich wahrnehmbar. Während wir oben diesen Aufschwung der Gedanken als eine genetische Entwicklung vom Einfachen und Niederen zum Vollkommeneren erwiesen zu haben glauben, scheint Krohn die platonische Darstellung als eine kühne, vom glücklichen Zufalle geleitete Schriftstellerei sich vorzustellen. Denn er sagt (a. a. O. p. 27): „Es bewahrt auch das minder Vollkommene sein ungeschmälertes Verdienst. Aber das systematische Geschick in der Verkettung erscheint uns doch zweifelhaft, so dass an einen Autor, der seine Gedankenarbeit übersah, nicht gedacht werden kann. Er kannte nicht einmal den Bauriss. Mit einer divinatorischen Idee ging er an das Werk, vertrauend der. guten Sache und dem angeborenen Genius (ὅπου ἂν ὁ λόγος ὥσπερ πνεῦμα φέρῃ)." Wie wenig wahr diese Behauptung ist, mag man aus Folgendem ersehen:

Das erste Buch schliesst mit der Frage nach dem Wesen des δίκαιον. Das zweite Buch erklärt, dass die vorausgehende Erörterung des ersten Buches nicht hinreichend gewesen ist (ἐμοὶ οὔπω κατὰ νοῦν ἡ ἀπόδειξις γέγονε II, 358 B). Es wird vielmehr ein Plan festgestellt, wornach der Begriff des δίκαιον und ἄδικον an und für sich gefunden und deren psychologische Wirkung dargelegt werden soll (τί τ' ἔστιν ἑκάτερον καὶ τίνα ἔχει δύναμιν αὐτὸ καθ' αὑτὸ ἐνὸν ἐν τῇ ψυχῇ 358 B). Dass Plato sich dieses Planes noch wohl bewusst war, zeigt das fünfte Buch (472 B): πρῶτον μὲν τόδε χρὴ ἀναμνησθῆναι, ὅτι ἡμεῖς ζητοῦντες δικαιοσύνην οἷόν ἐστι καὶ ἀδικίαν δεῦρο ἥκομεν. An derselben Stelle erwähnt er auch die psychologische Betrachtung des einzelnen Menschen, in dessen Seele das δίκαιον ist oder das ἄδικον (472 B). Der Verfasser der Politeia erklärt manche Darlegungen nur als vorläufige, in allgemeinen Umrissen gegebene. So z. B. werden im dritten Buche (412 C) aus den älteren Wächtern die tüchtigsten zu Herrschern genommen. Diese Aufstellung der Herrscher erklärt Plato zugleich als eine nur vorläufig im Umrisse entworfene und noch nicht eingehend dargestellte (ὡς ἐν τύπῳ, μὴ δι' ἀκριβείας 414 A). Die genauere Erörterung hierüber folgt im siebenten Buche, wo (536 C) auf diese Stelle des dritten Buches ausdrücklich zurückgekommen wird. VII, 536 C: *τόδε δὲ μὴ ἐπιλαν-θανώμεθα, ὅτι ἐν μὲν τῇ προτέρᾳ* (III, 412 C) *ἐκλογῇ πρεσβύτας ἐξελέγομεν, ἐν δὲ ταύτῃ οὐκ ἐγχωρήσει*. Da nämlich vom fünften Buche an für die Herrscher nicht mehr jene blosse *δόξα* der *φύλακες*, sondern die philosophische Erkenntnis der Wahrheit und der Idee gefordert wird, so gestaltet sich auch die Auswahl der Herrscher anders als im dritten Buche. Die im vierten Buche erwähnte Gemeinschaft der Weiber und Kinder im Kriegerstande wird vorläufig bei Seite gelassen (*ὅσα νῦν ἡμεῖς παραλείπομεν*), um im fünften Buche (449 C) als eine notwendige, zur guten Staatseinrichtung gehörige Anordnung ausführlich behandelt zu werden (*δέδοκται ἡμῖν τοῦτο ... τὸ σε μὴ μεθιέναι, πρὶν ἂν ταῦτα πάντα ὥσπερ τἆλλα διέλθῃς*). Im sechsten Buche (502 D) wird sowohl auf die vorhergehenden Auseinandersetzungen, als auch auf die folgenden hingewiesen. Der Verfasser sagt, er habe ursprünglich die Frage der Weiber- und Kindergemeinschaft deshalb übergangen, weil er das Missfällige und das Schwierige des Gegenstandes erkannte (*ἐν τῷ πρόσθεν παραλιπόντι ... εἰδότι ὡς ἐπίφθονός τε καὶ χαλεπὴ γίγνεσθαι ἡ παντελῶς ἀληθής* (*κοινωνία*). Er sei aber doch veranlasst worden, das gefürchtete Thema auszuführen. Nach diesem bleibe ihm noch übrig die Beschaffenheit der Herrscher darzustellen, deren Eigenschaften und Aufgaben schon im dritten Buche erwähnt sind und denen im vierten Buche die politische Weisheit zugeschrieben wird. Dieses sei nun der nächste Zweck des Dialoges (*τὸ δὲ τῶν ἀρχόντων ὥσπερ ἐξ ἀρχῆς μετελθεῖν δεῖ* 502 E). Weiter unten (504 A) wird zurückverwiesen auf die psychologische Erklärung der Tugenden im vierten Buche (422 C f. u. 435 D). *Μνημονεύεις μέν που, ἦν δ' ἐγώ, ὅτι τριττὰ εἴδη ψυχῆς διαστησάμενοι ξυνεβιβάζομεν δικαιοσύνης τε πέρι καὶ σωφροσύνης καὶ ἀνδρείας καὶ σοφίας*. Ferner bezieht sich die Stelle VIII, 547 A auf III, 415 A, B. Im neunten Buche (588 B): *ἐπειδὴ ἐνταῦθα λόγου γεγόναμεν, ἀναλάβωμεν τὰ πρῶτα λεχθέντα, δι' ἃ δεῦρ' ἥκομεν· ἦν δέ που λεγόμενον λυσιτελεῖν ἀδικεῖν τῷ τελέως μὲν ἀδίκῳ, δοξαζομένῳ δὲ δικαίῳ*. Diese Stelle bezieht sich auf das erste Buch (344 A f.): *μᾶλλον ξυμφέρει ... ἄδικον εἶναι ἢ τὸ δίκαιον· πάντων δὲ ῥᾷστα μαθήσει, ἐὰν ἐπὶ τὴν τελευτάτην ἀδικίαν ἔλθῃς κτλ*. IX, 590 D bezieht sich auf I, 344 ff., ferner X, 612 C auf II, 361 B, C.

Die Planlosigkeit, wie sie Krohn in der Politeia annimmt, ist in der That nicht vorhanden; Plato ist sich vielmehr der Entwicklung seiner Gedanken wohl bewusst. Das Urteil Schleiermachers hat seine Berechtigung noch nicht verloren. Er sagt (a. a. O. III, 1 Einl. p. 5): „Man muss es dem Verfasser zum Ruhme nachsagen, dass er auf alle Weise gesucht hat, dem Leser die Auffassung des Zusammenhanges möglichst zu erleichtern." Schleiermacher schreibt dem Plato sogar eine „musterhafte Genauigkeit" zu. Es sei dem nur irgend aufmerksamen Leser höchst leicht, den Faden des Werkes zu behalten.

Ein Hauptvorwurf, den Krohn gegen die einheitliche Komposition der Politeia erhebt, sei die Wahrnehmung der stets sich in Widersprüche verwickelnden Lehren. So ist z. B. IV, 430 B die ἀνδρεία auf die ἀληϑὴς δόξα gegründet, welche die φύλακες aus dem gesetzlich geregelten Unterrichte gewonnen haben. An der nämlichen Stelle bemerkt Plato, dass die obige Definition nur im politischen Sinne zu verstehen sei (καὶ γὰρ ἀποδέχου πολιτικήν γε 430 C). Er wolle hierüber wiederum in schönerer Weise sprechen αὖϑις δὲ περὶ αὐτοῦ, ἐὰν βούλῃ, ἔτι κάλλιον δίιμεν 430 C). Für den vorliegenden Zweck sei ja die gegebene Definition hinreichend (πρὸς οἷν τὴν ἐκείνου ζήτησιν, ὡς ἐγᾦμαι, ἱκανῶς ἔχει 430 C). Die eben versprochene schönere Erklärung der ἀνδρεία wird in demselben Buche (442 C) gegeben. Während die Tapferkeit vorher vom praktisch-politischen Standpunkte aufgefasst war, wird sie jetzt *psychologisch*-philosophisch betrachtet. Hier ist sie nicht mehr ausschliesslich der Ausfluss der richtigen Meinung, die dem ϑυμοειδές eigen ist, sondern sie ist die Tugend des ϑυμοειδές, welchem vom λογιστικόν, das die σοφία besitzt, die wahren und guten Ziele vorgeschrieben werden. Das ϑυμοειδές hat in dem zweiten Falle in derselben Weise wie in der ersten Erklärung (430 B) nur eine ἀληϑὴς δόξα; jedoch besteht zwischen beiden Definitionen der Unterschied, dass in der ersten das ϑυμοειδές selbstständig handelt, in der zweiten aber den einsichtsvollen Anordnungen des λογιστικόν folgt.

Krohn sieht nun nicht, dass Plato mit dieser zweiten Definition das vorhergehende Versprechen einer nochmaligen schöneren Darstellung der ἀνδρεία hier (442 C) wirklich gibt (p. 41). Er meint vielmehr, dass Plato sich mit diesem Versprechen auf den Protagoras und Laches im voraus beziehe. Er sagt a. a. O. p. 41: „Und auf diese beiden Punkte kommt es an, dass die kleineren Dialoge dem Staat nachfolgen, der Staat selbst aber erst die Materien findet und beständig umbildet...; so dass er zum Marmorbruche wurde, aus dem die ganze Dialogik des Platonismus ihre Probleme schlug."

Es ist mir nicht möglich auf andere Ansichten Krohns eingehend zu antworten, ich habe aus der grossen Masse nur die eben dargestellte Ansicht über die ἀνδρεία dargelegt. Um aber das Urteil Krohns über die Politeia äusserlich und in grossen Umrissen zu zeigen, will ich folgende einzelne, zerstreute Sätze von ihm anführen: Er schreibt a. a. O. p. 41: „Plato wurde von der δόξα περὶ τῶν δεινῶν *überfallen* und hat keine Sorge getragen, sie mit seinen früheren Entwicklungen in Einklang zu bringen." „Der ganze Verlauf der politischen Bühne zeigt fortschreitende *Sinnesänderung.*" p. 42. „Das *nonum prematur in annum* hätte Plato sich nicht gewählt." p. 44. „Plato verändert in der Mitte des Werkes seine Richtung: die Metaphysik *zieht am Horizont seiner Gedankenwelt herauf.*" p. 99. „Die begriffliche Existenz geht ihm (Plato) so *unvermittelt auf*, dass er weder für die Hütung seiner früheren Sätze Sorge trägt, noch für ihren wissenschaftlichen Nachweis eine genügende Auskunft trifft." p. 101. „*Vor welcher Himmelsgegend* stehen wir nun mit diesem τί διαφέρει βίος δίκαιος ἀδίκου? Das Thema ist dem ganzen Zusammenhang fremd. Ob Plato es später selbst empfand, weiss ich nicht." p. 106. „Plato *vergass* mit der Erinnerung an die Trichotomie die Erinnerung an das fünfte Buch." p. 128. „In diese Theodice schlich sich nur ein Schatten, die δόξα, ein, die Plato selbst *nicht zu erklären wusste*, die als beziehungsloses Wort in dem System steht." p. 149. „Scheiden sich danach bestimmte Phasen seiner Entwicklung von einander ab, so werden ihre Merkmale auch *Anzeichen der Chronologie* der einzelnen Bücher sein." p. 195. „Wenn Plato beide (Hades und Himmel) am Schlusse des Werkes herbeizieht, so hat er eben dessen Anfang *vergessen.*" p. 265. „Für die platonische Frage ist nichts wichtiger, als die Feststellung des einen Ausgangspunktes: dass der Staat den Reigen der gesamten Dialogik eröffnet." p. 267. Was würde wohl Plato zu diesen Urteilen sagen?

Aus inneren Gründen, d. h. aus der Betrachtung der uns überlieferten Politeia lässt sich eine Zerstückelung oder unpassende Zusammenstellung verschiedener und entgegen gesetzter Lehren nicht erweisen. Wo dieser Versuch doch gemacht wird, da geschieht es mit Hintansetzung der deutlich gekennzeichneten *genetischen* Darstellungsweise Platons.

Für die Chronologie und Entstehungsart der Politeia werden gewöhnlich noch zwei äussere Momente geltend gemacht. Das eine, aber weniger wichtige Moment ist eine Bemerkung des A. Gellius (N. A. XIV, 3), das andere sind die Beziehungen, welche zwischen den Ekklesiazusen des Aristophanes und dem platonischen Staate herrschen. Gellius berichtet, gewisse Biographen des Plato und Xenophon haben an eine persönliche Abneigung zwischen beiden Männern geglaubt (putaverunt).[1] Diese Ansicht sei eine Vermutung von ihnen, die sie aus den Schriften der beiden sich gebildet hätten (ejus rei argumenta quaedam conjectatoria ex eorum scriptis protulerunt). Dies beweise auch der Umstand, dass Xenophon seine Cyropädie gegen Platons Staat geschrieben habe, nachdem er davon ungefähr zwei Bücher gelesen habe (lectis ex eo (opere) duobus fere libris). Dazu ist bemerkt, dass diese zwei Bücher zuerst veröffentlicht worden wären (qui primi in vulgus exierant). Die Feindschaft zwischen Plato und Xenophon hat Boeckh als eine nichtige Annahme erwiesen, K. Fr. Hermann nennt sie eine „alberne Erfindung". Nun können aber die zwei ersten Bücher, da sie keinen abgeschlossenen Gedanken enthalten, sondern vielmehr mitten in der Entwicklung abbrechen,[2] unmöglich für sich allein veröffentlicht worden sein. Zudem stammt die Einteilung in Bücher nicht von Plato. Da ferner Xenophon selbst nichts dergleichen erwähnt — denn nur von ihm könnte eine sichere Nachricht herkommen — so müssen wir annehmen, dass die Bemerkung über die literarische Thätigkeit Xenophons eine blosse Vermutung der Biographen ist. Diese Vermutung musste aber auch den anderen Satz von dem getrennten Erscheinen der zwei ersten Bücher zur Folge haben. Denn warum sollte Xenophon bloss zwei Bücher lesen, wenn er das vollständige Werk in Händen hatte? Gellius oder die Biographen sagen infolge dessen, er hatte nicht das ganze Werk zuerst vor sich, sondern nur die zwei zuerst veröffentlichten Bücher desselben. Ja noch mehr: Die Stelle bei Gellius sagt, dass er *ungefähr* zwei Bücher gelesen; demnach hat Xenophon die zwei ersten Bücher nicht einmal vollständig gelesen und gleich seine Cyropädie geschrieben. Wir können in der Notiz des Gellius nur eine *oberflächliche Vermutung* der späteren Zeit erkennen. Man kann dies nicht, wie K. Fr. Hermann (a. a. O. p. 537) thut, eine *urkundliche Überlieferung* heissen.

---

[1] Vgl. Diog. Laert. III, 34: ἔοικε δὲ καὶ Ξενοφῶν πρὸς αὐτὸν ἔχειν οὐκ εὐμενῶς· ὥσπερ γοῦν διαφιλονεικοῦντες τὰ ὅμοια γεγράφασι, Συμπόσιον, Σωκράτους ἀπολογίαν, τὰ ἠθικὰ ἀπομνημονεύματα· εἶθ' ὁ μὲν Πολιτείαν, ὁ δὲ Κύρου παιδείαν.

[2] Vgl. Steinhart a. a. O. V, p. 677, Anm. 128 und 129.

Viel bedeutender erscheint das aus Aristophanes' Ekklesiazusen genommene Argument für die frühe Abfassung der vier oder fünf ersten Bücher der Politeia. Denn in der genannten Komödie des Aristophanes finden sich wirklich Sätze, die mit den platonischen Erörterungen des Staates eine auffallende Ähnlichkeit haben. Sie machen die Gemeinschaftlichkeit des Güterbesitzes, der Frauen und Kinder lächerlich: Ekkl. v. 590—609 κοινωνεῖν γὰρ πάντας φήσω χρῆναι πάντων μετέχοντας etc. v. 614 καὶ ταύτας γὰρ κοινὰς ποιῶ τοῖς ἀνδράσι etc. v. 635 πῶς οὖν οὕτω ζώντων ἡμῶν τοὺς αὑτοῦ παῖδας ἕκαστος ἔσται δύνατος διαγιγνώσκειν etc. Diese Sätze sind von Plato im fünften Buche auseinander gesetzt. Ganz zutreffend scheint daher beim ersten Anblicke der Schluss Teichmüllers zu sein,[1] „dass die Komödie des Aristophanes nur auf den platonischen Staat gemünzt werden konnte." Also müssen wenigstens nach Teichmüller die fünf ersten Bücher der Politeia schon vor den Ekklesiazusen des Aristophanes nicht bloss erschienen, sondern auch öffentlich bekannt gewesen sein. Dieser Schluss wird dann richtig sein, wenn nachgewiesen ist, dass vor den Ekklesiazusen niemand anders als Plato jene Sätze ausgesprochen und verbreitet hat. Teichmüller glaubt, diesen Beweis erbracht zu haben. Er hat (a. a. O. p. 15 und die Anmerkung), um die Sache bei der Wurzel zu fassen und endgiltig zu entscheiden, das Urteil des Aristoteles angeführt. Dieser sagt in seiner Politik II, 7,[2] nachdem er die platonische Politeia und die *Nomoi* besprochen hatte, folgendes: εἰσὶ δέ τινες πολιτεῖαι καὶ ἄλλαι, αἱ μὲν ἰδιωτῶν, αἱ δὲ φιλοσόφων καὶ πολιτικῶν, πᾶσαι δὲ τῶν καθεστηκυιῶν καὶ καθ᾽ ἃς πολιτεύονται νῦν, ἐγγύτερόν εἰσι τούτων ἀμφοτέρων, d. h. Es gibt aber auch noch andere Verfassungsformen, von Laien, Philosophen und Politikern, alle aber stehen den wirklich eingeführten und nach denen man jetzt regiert, näher als diese beiden (eben besprochenen Verfassungen Platos). Daran schliesst Aristoteles folgende Worte: οὐδεὶς γὰρ οὔτε τὴν περὶ τὰ τέκνα κοινότητα καὶ τὰς γυναῖκας ἄλλος κεκαινοτόμηκεν, οὔτε περὶ τὰ συσσίτια τῶν γυναικῶν, ἀλλ᾽ ἀπὸ τῶν ἀναγκαίων ἄρχονται μᾶλλον, d. h. denn kein anderer (als Plato) hat die Gemeinschaft der Frauen und Kinder neu eingeführt noch die Syssitien der Weiber, sondern sie gehen

---

[1] Vgl. Teichmüller, „Literarische Fehden" p. 18.
[2] In der Didot'schen Ausgabe II, 4.

vielmehr von dem Notwendigen aus.[1]) Die ganze Tragweite des Teichmüller'schen Beweises beruht auf der Bedeutung des Wortes κεκαινοτόμηκεν. Sicher ist wenigstens, dass aus dem obigen Citat folgendes hervorgeht: Unter allen vorhandenen Werken über Staatstheorie findet sich allein in der platonischen Politeia diese Neuerung der Frauen- und Kindergemeinschaft. Wie, wenn heut zu Tage ein deutscher Nationalökonom in seine Staatstheorie die Polygamie einführen würde. Dies könnte ein anderer eine in keinem anderen Werke vorhandene Neuerung nennen. Man wäre aber nicht berechtigt zu sagen, dass er diesen Gedanken der Polygamie zuerst gefunden und verbreitet habe, vielmehr hat er den schon lange vorhandenen Gedanken als eine Neuerung in seine Staatsverfassung aufgenommen. Dass Plato eine schon allgemein bekannte, ja sogar durch die Komödie verspottete Theorie in seine Politeia aufnahm, zeigen seine eigenen Worte: Οὐ ῥᾴδιον... διελθεῖν · πολλὰς γὰρ ἀπιστίας ἔχει κτλ. (450 C.) διὸ δὴ καὶ ὄκνος τις αὐτῶν ἅπτεσθαι κτλ. (450 D.) φοβερόν τε καὶ σφαλερόν, οὔ τι γέλωτα ὀφλεῖν (451 A.) γελοῖον γὰρ ἄν, ὥς γε ἐν τῷ παρεστῶτι, φανείη. Οὐκοῦν, ἦν δ' ἐγώ, ἐπείπερ ὡρμήσαμεν λέγειν, οὐ φοβητέον τὰ τῶν χαριέντων σκώματα, ὅσα καὶ οἷα ἂν εἴποιεν εἰς τὴν τοιαύτην μεταβολήν κτλ. (452 B.) ἐξῆν τοῖς τότε ἀστείοις πάντα ταῦτα (τὰ ἐν γυμνασίοις) κωμῳδεῖν. Ἐφοβούμην τε καὶ ὤκνουν ἅπτεσθαι τοῦ νόμου (453 D.) συγγνώμην ἕξεις, ὅτι εἰκότως ἄρα ὤκνουν τε καὶ ἐδεδοίκη οὕτω παράδοξον λέγειν λόγον τε καὶ ἐπιχειρεῖν διασκοπεῖν (472 A.) ἀλλὰ τοῦτό ἐστιν, ὃ ἐμοὶ πάλαι ὄκνον ἐντίθησι λέγειν, ὁρῶντι ὡς πολὺ παρὰ δόξαν ῥηθήσεται (473 E.), ἐπὶ σὲ πάνυ πολλούς τε καὶ οὐ φαύλους.... θεῖν... οὓς εἰ μὴ ἀμυνεῖ τῷ λόγῳ καὶ ἐκφεύξει, τῷ ὄντι τῳ θαζόμενος δώσεις δίκην (474 A.) παραλιπόντι καὶ παιδογονίαν... εἰδότι ὡς ἐπίφθονος κτλ. (502 D.)

Das alles klingt wie eine divinatio ex eventu. Plato wusste aus Erfahrung, so muss ich schliessen, dass man diese bekannten

---

[1]) Ich kann Teichmüller nicht beistimmen, wenn er sagt (a. a. O. p. 15. Anm. 2), dass Aristoteles mit dem obigen ἰδιωτῶν im weiteren Sinne auch den Aristophanes meine. Denn bei ἰδιώτης denkt man doch nicht leicht an einen Komödiendichter, andererseits redet ja Aristoteles von πολιτεῖαι, von damals noch existierenden Theorien über Staatsverfassung, dazu kann er unmöglich die Ekklesiazusen des Aristophanes gerechnet haben. Zudem brauchte uns Aristoteles nicht zu versichern, dass der Komiker nicht der Erfinder jener Grundsätze war, weil es ja die Art der Komödie ist, nur das Bekannte zu verspotten.

Sätze seiner Staatstheorie ungereimt und lächerlich finden, dass man ihn angreifen und verspotten werde. Er selbst sagt nirgends, dass er einen noch nie ausgesprochenen Gedanken neu aufbringe; er führt vielmehr seinen Satz von der Weiber- und Kindergemeinschaft im vierten Buche zuerst mit einer *sprichwörtlichen* Wendung ein: δεῖ ταῦτα κατὰ τὴν παροιμίαν πάντα ὅ τι μάλιστα κοινὰ τὰ φίλων ποιεῖσθαι (424 A). Da die Form des Sprichwortes keinen Beweis gibt, so wird' im fünften Buche (449 C) eine eingehende Darstellung verlangt und gegeben (εἰπὼν αὐτὸ φαύλως, ὡς ἄρα περὶ γυναικῶν τε καὶ παίδων παντὶ δῆλον, ὅτι κοινὰ τὰ φίλων ἔσται). Ferner nennt Aristophanes nicht den Plato als den Erfinder oder Vertreter der lächerlichen Staatseinrichtungen. Aus dem Wortlaute der Verse geht nur hervor, dass diese Theorien auswärts entstanden sind und durch die Rhetoren Verbreitung gefunden haben. Denn als Praxagora, die in der Frauenversammlung den Vorsitz führt, gefragt wurde, woher sie diese schönen Grundsätze gelernt hätte, antwortete sie:

ἐν ταῖς φυγαῖς μετὰ τἀνδρὸς ᾤκησ' ἐν πυκνί·
ἔπειτ' ἀκούουσ' ἐξέμαθον τῶν ῥητόρων. Eccl. v. 243.

Ausserdem berichtet Diogenes Laertius an zwei Stellen (III, 37 und III, 57), indem er sich auf das Zeugnis des Aristoxenus und Favorinus beruft, dass die platonische Politeia in den Antilogien des Protagoras fast ganz wieder zu finden wäre. In wie weit dies richtig ist, lässt sich nicht ermitteln, aber so viel geht daraus hervor, dass Plato auch frühere Theorien in seine Darstellung aufgenommen hat. Teichmüller geht sehr rasch über die Citate des Diogenes hinweg, indem er sagt: „Wie abgeschmackt dies ist, sieht man auf den ersten Blick, da uns ja von Protagoras genug bekannt ist, um zu wissen, dass ihm Platos Gedanken gänzlich fern lagen" (a. a. O. p. 14 Anm.). Bedenkt man dazu noch die hohe Vollendung und einheitliche Darstellung der platonischen Politeia, so werden die vorausgehenden Argumente in ihrer Bedeutung verstärkt. Denn wir müssten, wenn Teichmüller recht hätte, die Blüte und den Höhepunkt der platonischen Philosophie schon in das Jahr 392 ungefähr verlegen, einige Jahre vor der Eröffnung der Akademie. Wir wären ferner gezwungen zu glauben, dass Plato in seiner Schriftstellerei vom Vollkommneren zum Niederen fortgeschritten sei. Wie wären neben oder nach der Politeia der Laches, Charmides, Euthyphron, Gorgias, Euthydem, Menon u. a. möglich gewesen!

Persönliche Anspielungen sind bei Aristophanes nach meiner Meinung in dem Namen und der Person der Praxagora zu finden und ferner in den oben citierten zwei Versen 243 und 244, wo Praxagora die Quelle ihrer Grundsätze angibt. Alles dies lässt sich aber nicht auf Plato beziehen. Ich stimme daher Susemihl bei, dass Plato sich auf die Komödien jener Zeit, zunächst des Aristophanes, beziehe und nicht umgekund auf Grund der Wortbedeutung heisst jenes κεκαινοτόμηκεν des Aristoteles nicht „er hat den Gedanken *zuerst neu aufgefunden*," sondern „er hat den *vorhandenen* Gedanken *als eine Neuerung* in seine Staatstheorie aufgenommen".

Der neueste Angriff Teichmüllers scheint mir daher nicht gelungen zu sein. Vorläufig lässt sich noch behaupten, dass die Politeia Platons ein einheitliches, organisch gebildetes Werk ist, dessen Inhalt uns die platonische Philosophie zeigt von ihren elementarsten Anfängen bis zur lichtvollen Höhe der Ideenlehre. Das Ganze ist mit Absicht und Bewusstsein aneinander gekettet und in anschaulicher *genetischer* Entwicklung uns vorgeführt.

www.ingramcontent.com/pod-product-compliance
Lightning Source LLC
Chambersburg PA
CBHW031408160426
43196CB00007B/947